AF859191

DU MÊME AUTEUR

RAPPORT SUR L'INFORMATISATION DE LA SOCIÉTÉ, avec Simon Nora, La Documentation française, Le Seuil, 1978.

L'APRÈS-CRISE EST COMMENCÉ, Gallimard, 1982.

L'AVENIR EN FACE, Le Seuil, 1984.

LE SYNDROME FINLANDAIS, Le Seuil, 1986.

LA MACHINE ÉGALITAIRE, Grasset, 1987.

LA GRANDE ILLUSION, Grasset, 1989.

L'ARGENT FOU, Grasset, 1990.

LA VENGEANCE DES NATIONS, Grasset, 1991.

FRANÇAIS, SI VOUS OSIEZ, Grasset, 1991.

LE MÉDIA CHOC, Grasset, 1993.

LE NOUVEAU MOYEN ÂGE, Gallimard, 1993.

CONTREPOINTS, recueil d'articles, Le Livre de Poche, 1993.

LA FRANCE DE L'AN 2000, rapport au Premier ministre, Odile Jacob/La Documentation française, 1994.

DEUX FRANCE ? avec Philippe Séguin, Plon, 1994.

L'IVRESSE DÉMOCRATIQUE, Gallimard, 1995.

ANTIPORTRAITS, Gallimard, 1996.

LOUIS NAPOLÉON REVISITÉ, Gallimard, 1997.

LA MONDIALISATION HEUREUSE, Plon, 1997.

AU NOM DE LA LOI

340
MIN

ALAIN MINC

CONSEIL GÉNÉRAL CORSE DU SUD
BIBLIOTHÈQUE DÉPARTEMENTALE
DE PRÊT

Au nom de la loi

nrf

GALLIMARD

© Éditions Gallimard, 1998.

INTRODUCTION

Je ne suis ni mis en examen, ni juge d'instruction, ni magistrat du siège, ni procureur, ni avocat, ni professeur de droit, ni conseiller d'État, ni membre du Conseil constitutionnel, ni plaideur, ni juriste, ni légiste, ni arbitre, ni constitutionnaliste[1]. Autant de raisons de garder un silence prudent et sage face au moloch judiciaire. Bien davantage que toute autre institution publique ou privée, la justice exige des lettres de créance en bonne et due forme de tous ceux qui ont l'outrecuidance de s'intéresser à elle. N'en ayant aucune, sauf le droit légitime du citoyen éclairé de s'interroger sur la révolution clandestine qui, sans crier gare, a bouleversé en France la hiérarchie des pouvoirs, et muni pour tout viatique d'une naïveté à la Candide, je m'autorise un aveu : s'il est un domaine où le discours «politiquement correct» va au-delà du supportable, c'est bien la justice.

1. Je sais gré à Alexandre Joly et à François Veron de m'avoir aidé à faire mon chemin dans l'abondante littérature consacrée aux questions de justice. De même suis-je très reconnaissant à ceux, anciens ministres, avocats de renom, experts judiciaires, juges d'instruction, qui ont bien voulu réagir sur le manuscrit et me faire part de leurs suggestions. Je ne les cite pas nommément afin qu'ils ne soient pas associés par le monde judiciaire à des propos qui risquent de le choquer.

Politiquement correct, le culte du «juge justicier» devenu, pour la société, un moyen d'expier l'abaissement des magistrats et de satisfaire sa haine des puissants. Politiquement correcte, la quête effrénée — au moins dans l'ordre du discours — de l'indépendance, tel un talisman susceptible d'équilibrer les institutions, d'apaiser les tensions sociales et de restaurer la démocratie. Politiquement correct, l'hommage inlassablement rendu au Conseil constitutionnel, comme si, tardivement conscient des impasses auxquelles ont pu le conduire l'excès du rousseauisme et le primat incontesté de la souveraineté populaire, le monde politique voulait s'offrir une virginité, en se réjouissant publiquement des limites désormais assignées à son action. Politiquement correcte, la conviction presque unanime que toute extension du pouvoir des juges est salutaire. Politiquement correcte, la déférence absolue à l'égard des magistrats, au point de les faire échapper aux pulsions antiélitistes de la société française et d'oublier que, devant un «tribunal des comportements historiques», ils n'apparaîtraient pas comme les plus incontestables. Politiquement correct, le sentiment que le juge est désormais le seul à même de trancher les nœuds gordiens de l'histoire, de la morale, de l'économie, du «foulard» comme de la procréation assistée, de la régularisation des sans-papiers comme des arrestations de Caluire...

Pour qui se situe comme moi, suivant le clivage cher à Régis Debray, du côté des «démocrates» et non des «républicains», la réhabilitation du droit est une bénédiction. Est démocrate celui qui estime nécessaire à la démocratie une double légitimité avec, à côté du suffrage universel, l'existence de *checks and balances* [1], de pouvoirs

1. *Checks and balances* : expression culte, dans le monde anglo-saxon, pour désigner en démocratie l'équilibre des pouvoirs.

et de contre-pouvoirs, alors que le républicain n'admet qu'un unique fondement : la souveraineté populaire. Comment nous, les démocrates, ne nous réjouirions-nous pas de voir la société et les institutions françaises basculer enfin de notre côté ? L'irrésistible ascension du droit, l'apparition d'institutions juridiques incontestées, un respect enfin unanime vis-à-vis de l'appareil judiciaire : ce sont des signes, parmi d'autres, d'une nouvelle révolution française. Moins brutale que d'autres mais aussi moins fugitive, plus consensuelle, celle-ci nous fait changer de philosophie politique pour la première fois depuis 1792. Nous sommes donc à mille lieues d'un phénomène de mode ou d'un événement anecdotique.

Mais à l'instar de celle qui l'a précédée, la grande Révolution, cette révolution-là se joue aussi à sa manière dans le bruit et la fureur, les excès et les emballements. Que le droit et la justice soient des maillons clefs d'un système institutionnel plus équilibré, plus « tocquevillien » : à la bonne heure ! Qu'ils le deviennent à partir d'un mouvement irraisonné de la société française, sans réflexion, tâtonnements, inflexions : gare ! Le balancier n'est pas parti trop loin dans l'autre sens ; il est parti de manière incohérente, donc imprévisible. Sous quels auspices avons-nous vécu les dernières semaines, Mondial exclu ? Le sang contaminé et son corollaire, la soumission du pouvoir exécutif aux juges de la Cour de justice de la République ; le dopage sur le Tour de France avec l'intervention, non du ministère des Sports et de son bras séculier, le corps préfectoral, mais de juges d'instruction, sans compter la kyrielle des accidents et des mises en examen qui en sont concomitantes. Les médias, qui n'avaient d'yeux que pour le pouvoir politique, ne s'intéressent désormais qu'aux faits et gestes des magistrats. Ce n'est certes pas une exception française : l'été ne s'est-il pas passé aux États-Unis sous la férule du procureur indépendant ? Une fois de plus, la société française est fidèle à sa tradition : elle ne sait pas faire de réformes mais seulement des révolutions ; le précepte vaut autant pour les bouleversements souterrains que pour les affrontements sanglants, autant pour les soulèvements clandestins que pour les conflits mythiques.

De cette deuxième révolution française qui se mène au nom de la loi peut advenir le meilleur comme le pire. À nous laisser dominer par la pensée unique — celle-là en est une — qui accompagne le triomphe de la justice et le culte du juge, nous risquons de favoriser une fois de plus, suivant une tentation qui nous est familière, le pire, alors qu'avec du sang-froid et du recul, nous pourrions en tirer le meilleur. Puisque cette révolution-là ne naît pas de tensions politiques, mais du mouvement profond du pays, à nous de maîtriser nos aspirations ! La société civile est rarement seule maître à bord ; pour une fois elle l'est. Qu'elle ne s'emprisonne donc pas dans une vision « politiquement correcte » ! Disposant du meilleur matériau disponible, le temps, elle n'aura aucune excuse si elle échoue, et les dommages seront irrémédiables : un pays plus tendu, en quête, comme après toutes les révolutions chaotiques, d'un illusoire retour à l'ordre et d'une impossible restauration.

I

LE TRIOMPHE

Existe-t-il une meilleure preuve du triomphe de la justice que sa place, chaque jour plus envahissante, dans les pages des journaux? Les positions de puissance se mesurant, dans les sociétés modernes, au lignage des articles, quel raz de marée! Entre les mises en examen à longueur de colonnes, les débats sur le rôle du Conseil constitutionnel, les querelles de souveraineté à propos du droit européen, les avis à l'emporte-pièce demandés en cas de désarroi au Conseil d'État, quel espace demeure-t-il pour la politique traditionnelle? Antoine Garapon allait-il trop loin lorsqu'il écrivait : «Voilà la promesse ambiguë de la justice moderne : les petits juges nous débarrassent des politiques véreux et les grands juges de la politique tout court»? La justice est désormais omniprésente; elle suit une ligne qui va sans discontinuer de John Rawls à Eva Joly, du scandale d'opinion à la théorie la plus achevée d'un nouvel État-providence, du fumet de la lutte contre la corruption à une nouvelle conception de la souveraineté. Des indices de l'omnipotence juridique «se ramassent, comme les feuilles mortes, à la pelle» : du plus visible — la fantasmagorie du pénal — au plus symbolique — l'irrésistible ascension du Conseil constitutionnel — du plus inattendu — la mainmise du droit européen — au plus pervers — le juge, juge de l'Histoire — du plus naturel — l'irrésistible essor de la jurisprudence — au plus sain — l'apparition, à travers l'arbitrage, d'une justice privée. Mais derrière cette effervescence, en apparence désordonnée, se joue la deuxième révolution française, celle qui voit une forme d'État se substituer à une autre et une nouvelle démocratie, la démocratie d'opinion, prendre, sans coup férir, la place de l'ancienne.

*

Derrière le propos trop galvaudé de Napoléon — « Le juge d'instruction, l'homme le plus puissant de France » — se glisse une réalité autrement lourde : la domination presque absolue de la procédure pénale comme contrepartie de la faiblesse de la justice civile. Un marteau-pilon fonctionne, qui traîne devant la juridiction pénale des accusés qui, dans d'autres pays, relèveraient du civil. Tout, en France, concourt à fonder ce statut hors normes. La procédure inquisitoire, au premier chef, dont on oublie qu'elle constitue dans nos sociétés hypermodernes l'étrange perpétuation de l'Inquisition moyenâgeuse.

Depuis l'ordonnance de Villers-Cotterêts, en 1539, la priorité est donnée à l'aveu. Pendant quinze ans, la Révolution essaya de faire fonctionner un système accusatoire à l'anglaise. Devant l'échec patent de cette tentative, le code d'instruction criminelle de 1808 se plaça de nouveau dans le droit fil des textes de 1539 et de 1670 et substitua le juge d'instruction aux agents d'accusation et inquisiteurs de tout acabit qui le précédaient. Il faut attendre 1897 pour que le législateur introduise l'avocat dans le cabinet du juge d'instruction et qu'Alexandre Millerand puisse constater que, « pour la première fois, la brèche est faite dans ce pouvoir intolérable du juge d'instruction qui mettait la liberté de tous les citoyens dans les mains d'un magistrat absolument irresponsable vis-à-vis de ses victimes et le plus souvent irresponsable vis-à-vis de ses chefs ». Le lent grignotage des pouvoirs de cet inquisiteur moderne est loin d'être achevé, avec l'absence aujourd'hui d'un avocat dès la première heure de la garde à vue et la difficulté de retirer au juge d'instruction le pouvoir d'incarcération. L'aveu, l'aveu, l'aveu : éternel refrain d'un mécanisme primitif qui veut se donner les meilleurs moyens de l'obtenir.

Outre la procédure, la primauté du pénal naît aussi de l'inflation des textes. Dans aucun autre pays, le droit commercial, le droit des sociétés, le droit social ne débouchent aussi naturellement sur le pénal. Et lorsque le système se rend compte que cette inflation des incriminations confine à l'absurde, quelle réforme introduit-il ? Un renforcement des procédures civiles ? Nenni ; la mise en place d'une responsabilité pénale des personnes morales ! À elles d'expier symboliquement leurs fautes, au même titre que les personnes physiques ! Bâclés, rapides, dénués de théâtralité, les procès civils n'offrent pas la même capacité expiatoire que le rite pénal. Étrange obsession de la punition et de la réparation, de préférence au simple règlement des conflits : y a-t-il meilleure mesure de notre inculture juridique ? La mécanique ne cesse de se renforcer : historiquement les procureurs étaient seuls maîtres de la mise en jeu de la procédure pénale ; désormais, grâce aux « plaintes avec constitution de partie civile », toute personne qui se plaint d'une infraction éventuelle peut contraindre le parquet à ouvrir une instruction ; ainsi l'action publique est-elle mise automatiquement à disposition de tout citoyen, ce qui aboutit, d'une certaine façon, à « privatiser » le pénal.

Il est vain de pister, derrière cette inlassable quête de l'expiation pénale, le culte catholique de la punition, la conséquence naturelle de l'ineffectivité des lois, qu'il faut bien d'une manière ou d'une autre compenser, ou la manifestation, dans l'ordre judiciaire, d'un individualisme qui appelle des punitions personnalisées. La réalité institutionnelle et historique est campée. La toute-puissance du pénal, articulée autour de la figure symbolique du juge d'instruction, crée le contexte dans lequel se sont engouffrés l'excitation médiatique, l'aspiration à l'égalité devant la justice, les remugles antiélitistes et enfin la disparition des tabous sociaux.

C'est de cette aventure-là qu'émerge le rôle emblématique du « petit juge » chargé de terrasser les abus des puissants. Après la longue période de soumission vint le temps des juges contestataires dans les années 70, marqués par l'idéologie post-soixante-huitarde. Quelle meilleure allégorie de ce bouleversement que l'affaire de Bruay-en-Artois, avec le notaire Leroy dans le rôle du coupable, le juge Pascal dans la position du rédempteur, les parents de la victime devenus les symboles vivants du malheur de la classe ouvrière, sous l'œil vigilant des grandes consciences du moment, Sartre et Foucault en tête, qui appelaient au règne de la « justice populaire » ? À cette époque militante a succédé désormais le temps des juges triomphants, libres de tout enracinement idéologique ou politique et ne poursuivant d'autre finalité que l'accomplissement de leur mission, à la griserie de la gloire médiatique près... Les acteurs sont en place pour la pièce : d'un côté des « importants », désemparés de voir s'effilocher l'impunité dans laquelle ils voyaient la marque de leur rang, et peu préparés à affronter la lumière des médias et les exigences d'une opinion publique jusqu'alors si tolérante; de l'autre, des « juges justiciers », sûrs d'incarner la morale publique et parfois privée, investis d'une mission, vite maîtres d'un jeu médiatique dont ils deviennent les metteurs en scène, jaloux de leurs prérogatives et de leurs effets. L'affrontement a été jusqu'à présent inégal, identifié par le pays au combat du bien et du mal, même si les juges devraient méditer l'exemple italien et se préparer, comme ce fut le cas de l'autre côté des Alpes, à une lassitude brutale de l'opinion et à un irrésisitible désir d'apaisement. Mais aussi longtemps qu'un tel sentiment ne s'est pas cristallisé, le rituel pénal demeure la cérémonie expiatoire des sociétés modernes, avec sa liturgie : rumeurs de presse, inculpation par anticipation médiatique, photographies, mise en examen, fuites journalistiques, témoignages, excitation, marque au fer rouge, enlisement, oubli et indifférence à la décision finale.

*

Premier indice, donc, du triomphe judiciaire : la mythologie pénale; mais second indice, plus décisif et plus symbolique : la transformation progressive du Conseil constitutionnel en Cour suprême à la française. Les politiques les plus cyniques devraient tirer une leçon de cette incroyable saga : il faut toujours se méfier des institutions; une fois créées, elles finissent par exister et se débarrassent de leurs entraves. Qui se souvient encore du rôle modeste dévolu par la Constitution de 1958 au Conseil : rouage technique chargé de vérifier, pour l'essentiel, que le législateur ne déborde pas du champ que l'article 34 du texte constitutionnel réserve à la loi ?

Trois événements ont suffi à élever l'institution au-dessus d'elle-même. La décision du 16 juillet 1971 qui a frappé d'inconstitutionnalité une loi restrictive en matière de liberté d'association, au nom des principes contenus dans le préambule de la Constitution, ce qui a donné par ricochet, à ce texte vague et sympathique, valeur constitutionnelle. L'Histoire nous a, depuis lors, appris qu'au-delà du litige lui-même, le président du Conseil constitutionnel avait fait jouer sa voix prépondérante lors du vote, afin d'établir la légitimité de l'institution à travers un affrontement avec le pouvoir exécutif. Deuxième temps : la réforme constitutionnelle, voulue en 1974 par Valéry Giscard d'Estaing et qui conférait à soixante parlementaires, députés ou sénateurs, le droit de saisir le Conseil, au même titre que le président de la République, le Premier ministre et les présidents des deux Assemblées. C'était offrir à l'opposition une libre voie d'accès au juge constitutionnel. Troisième étape : l'invalidation, en 1982, de la loi de nationalisation au nom de l'« indemnisation juste et préalable des actionnaires » et qui, pour la première fois, plaçait le Conseil en surplomb par rapport au jeu de l'alternance politique. Pour une gauche viscéralement rousseauiste, naturellement convaincue, comme l'avait proclamé sans ambages l'un des siens, que l'opposition a « juridiquement tort puisqu'elle est politiquement minoritaire », ce fut un coup de tonnerre : elle se trouvait aux prises avec une lecture libérale des institutions et apprenait, à son corps défendant, que la souveraineté populaire n'est pas omnipotente.

Le reste est venu par surcroît. Libre de ses mouvements, le Conseil n'a cessé de renforcer sa jurisprudence et d'en élargir la base : ainsi est-il passé des « principes à valeur constitutionnelle » aux « principes fondamentaux reconnus par les lois de la République » auxquels il confère de son propre chef un niveau constitutionnel. Il a même raffiné son dispositif par des décisions interprétatives qui équivalent à autant de directives adressées pour l'avenir au Parlement : si celui-ci ne les respecte pas, ses textes sont promis à l'annulation. Certes, de temps à autre, le Conseil s'impose une autolimitation : ainsi déclare-t-il que « l'autorité de la chose jugée est limitée à la déclaration d'inconstitutionnalité visant certaines dispositions de la loi qui lui était soumise, mais qu'elle ne peut être invoquée à l'encontre d'une autre loi conçue, d'ailleurs, en termes différents », mais ce ne sont là que des minauderies.

Le Conseil trace, pour l'essentiel, sa route à la serpe. Il ne connaît au fond, outre les bornes qu'il s'assigne par sagesse à lui-même, que deux limites. D'une part l'absence de saisine directe par les citoyens, puisque le projet de réforme constitutionnelle présenté en ce sens par François Mitterrand a buté en 1984 sur le veto du Sénat, ce qui prive le Conseil d'un enracinement populaire, à l'instar de la Cour suprême aux États-Unis ou du Tribunal de Karlsruhe en Allemagne. D'autre part, la possibilité pour le pouvoir, s'il en a les moyens politiques, de passer outre à une opposition du Conseil par une révision de la Constitution, ce qui permet à Georges Vedel de rejeter l'idée de gouvernement des juges : « Si les juges ne gouvernent pas, c'est parce qu'à tout moment le souverain, à la condition de paraître en majesté comme constituant, peut, dans une sorte de lit de justice, briser leurs arrêts. » Ainsi en 1994 une révision constitutionnelle a-t-elle été votée par le Congrès, afin d'amener à résipiscence, en matière de loi sur l'immigration, le Conseil.

Les partisans acharnés de la souveraineté populaire trouvent, de la sorte, un motif à affirmer que le Conseil n'est pas d'une nature différente de celle du Parlement, puisqu'il est lui aussi à la merci du « souverain » qui peut lui imposer une norme d'essence supérieure. Il s'agit, à l'évidence, d'une situation extrême qui ne pourrait se répéter à l'infini, mais cette hypothèse joue sans doute un rôle dans le dosage, pesé au trébuchet, que pratique le juge constitutionnel lors de ses conflits avec le pouvoir exécutif, surtout quand celui-ci, à peine élu, est encore auréolé d'une légitimité politique toute fraîche.

Ce débat témoigne, à sa manière, de la révolution que vient de vivre notre pays. Le Parlement ne connaissait jusqu'alors d'autres limites à sa toute-puissance que celles qu'il voulait bien se donner : la loi pouvait faire ce qui lui plaisait, aller où bon lui semblait, pratiquer le pire déni de justice, tel le texte de pure opportunité, le 1er mars 1899, qui dessaisit, en cours de procédure, la chambre criminelle de la Cour de cassation, parce qu'on la supposait favorable à la révision du procès de Dreyfus. La souveraineté populaire a, en effet, souvent bon dos. Un Conseil constitutionnel eût-il existé en juillet 1940 et ses membres eussent-ils eu l'échine droite, la loi constitutionnelle du 9 juillet 1940 aurait été impossible ou alors elle serait apparue dans sa nature véritable : un texte de pronunciamiento. Le débat sur la légitimité du régime de Vichy n'aurait pas eu lieu, puisque celui-ci aurait été déclaré au départ illégitime.

L'enchaînement qui, à en croire François Furet, conduit du rousseauisme au jacobinisme et de celui-ci au totalitarisme, vaut *mutatis mutandis* en matière juridique : expression exclusive de la souveraineté populaire, le Parlement pouvait, à la limite, la mettre en cause, de même qu'il lui était loisible de restreindre les libertés fondamentales. Avec le nouvel équilibre des pouvoirs qui s'est, sans crier gare, imposé, rien de tel n'est possible : seul le pouvoir constituant est pleinement libre ; le législateur doit s'inscrire dans le cadre serré que lui a dessiné, au fil des ans, le Conseil constitutionnel. Pour un pays qui, depuis la suppression des Parlements de l'Ancien Régime, avait évité tout affrontement entre le pouvoir politique et le juge, en assurant en principe pour l'éternité la primauté du premier, c'est un bouleversement sans égal. Ainsi, par une étrange ruse de l'Histoire, est-ce le général de Gaulle, quoique encore porté le 31 janvier 1964 à affirmer que « l'autorité indivisible de l'État est confiée tout entière au président [...] qu'il n'en existe aucune autre, ni ministérielle, ni civile, ni judiciaire qui ne soit conférée et maintenue par lui », qui a installé au cœur de la Constitution de 1958 la machine infernale destinée à briser l'omnipotence de la souveraineté populaire, et donc le primat du pouvoir politique. Avec l'ascendant dévolu au juge constitutionnel, c'est la justice tout entière qui se trouve rehaussée.

*

Autre novation, au moins aussi inattendue, eu égard à la tradition française : la primauté de la législation internationale, et en l'occurrence européenne, sur la loi française. C'est la conception traditionnelle de la souveraineté qui est à nouveau mise à mal. La sainte trinité État-nation-souveraineté populaire se retrouve brutalement défaite. Un droit s'impose de l'extérieur à la France, auquel les pouvoirs législatif, exécutif, administratif et judiciaire doivent se soumettre.

Avec la Convention européenne des droits de l'homme, la soumission paraît plus formelle que réelle : les arrêts sont rares; ils établissent peu à peu un *habeas corpus* européen et représentent certes un utile rappel au respect des principes — ainsi, pour nous Français, par exemple, du principe de la présomption d'innocence. Mais la pression apparaît lointaine et épisodique, pour autant que les règles démocratiques de base demeurent respectées. Quant au mécanisme coercitif introduit par le traité d'Amsterdam qui donne au Conseil de l'Union européenne le pouvoir de prononcer des sanctions contre les violations graves et persistantes de la Convention, il est destiné aux futurs membres de l'Union, moins sûrs de leur système libéral que les vieilles démocraties de l'ouest du continent.

Avec la Cour de justice de Luxembourg et le droit communautaire, la révolution est d'une tout autre ampleur. En 1992 les textes d'origine européenne représentaient déjà un sixième du « stock juridique » applicable en France et en « flux annuel » un sur deux. Les instances juridiques nationales ont progressivement baissé pavillon devant le droit européen : la Cour de cassation dès 1975, le Conseil d'État, après avoir mené bien des batailles d'arrière-garde, en 1989. Quant au Conseil constitutionnel, il n'intervient que pour vérifier la compatibilité des grands traités européens avec la Constitution et pour exiger, si besoin est, une révision. Si François Mitterrand ne s'était pas lancé en 1992 dans le hasardeux référendum sur Maastricht, la démarche de révision aurait ressemblé à une formalité, puisqu'il existait dans les deux Chambres et au Congrès une majorité proeuropéenne.

La voie est donc libre pour une primauté, chaque jour plus incontestable, du droit européen, avec en toile de fond une démarche clairement proclamée par Jacques Delors et qui visait à voir les avancées juridiques anticiper, dans la marche vers l'Europe, sur les décisions politiques. Les règlements communautaires se sont imposés d'office, puis après de multiples escarmouches, les directives, au point que la Cour européenne tient désormais les États juridiquement responsables de la non-transposition d'une directive dans les droits nationaux. Quant à la jurisprudence de la Cour de Luxembourg, elle a fini de baliser le paysage. À travers son action, c'est une nouvelle philosophie du droit qui a fait irruption sur la scène juridique française. Plus fédérale, elle va à rebours d'une tradition qui a longtemps vu chez nous dans le droit le bras séculier de l'État-nation. Plus libérale, elle incarne une vision, d'esprit anglo-saxon, des *checks and balances*. Plus jurisprudentielle, elle nous oblige à accepter l'idée, si longtemps sacrilège, que les juges fabriquent le droit et qu'ils trouvent, dans cette démarche, leur légitimité, comme d'inattendus personnages sartriens dont l'existence précéderait l'essence. Plus économique, elle accrédite la conviction peu familière en France que le marché et la règle de droit sont l'avers et le revers d'une même réalité. Tournée vers la défense du consommateur et chargée de protéger le libre jeu de la concurrence, elle instille dans nos esprits rompus aux privilèges des monopoles d'État le goût de la compétition et le refus des abus de positions dominantes.

Quelle silencieuse transformation des esprits n'a-t-il pas fallu pour que l'État français, le digne héritier de Louis XIV, Napoléon et de Gaulle, admette comme un vulgaire délinquant d'être mis à l'amende par un tribunal qui, tel un météorite, a fait irruption dans son univers ! Quelle nouvelle hiérarchie implicite derrière la possibilité, pour notre arrogante administration, d'être traînée en justice par n'importe quel plaignant européen, devant la Cour de Luxembourg ! Quelle leçon de choses, pour un législateur qui ne connaissait d'autre maître que lui-même, d'être obligé de passer sous les fourches caudines, non plus seulement du Conseil constitutionnel, organisme né au moins de la souveraineté nationale, mais des règlements et directives édictés par les bureaucrates de la Commission de Bruxelles et de la jurisprudence établie par les juges anonymes de Luxembourg ! Ce ne sont plus les principes constitutionnels et les lois fondamentales de la République qui prennent l'ascendant sur le Parlement, mais la machinerie réglementaire et jurisprudentielle de l'Union européenne. Ce que les économistes découvrent aujourd'hui avec étonnement à travers la monnaie unique, les magistrats et les juristes ne cessent de le vivre depuis quarante ans : la France appartient, pour certains pans de sa vie, à une fédération, et sa souveraineté n'est que partielle. Derrière l'ombre portée des règles communautaires et l'omniprésence des juges de Luxembourg, se dessinent les silhouettes de tout ce que la France a historiquement détesté : le fédéralisme, le libéralisme, le primat du marché, l'abaissement de l'État au rang d'un justiciable ordinaire.

*

Outre la *diminutio capitis* que lui imposent le Conseil constitutionnel et l'ordre communautaire, l'État en est arrivé à s'en infliger une supplémentaire, de son propre fait, avec la multiplication des « autorités administratives indépendantes », dénomination surréaliste qui mêle deux notions contradictoires, la référence à l'administration, synonyme d'obéissance, et le tribut payé au mythe de l'indépendance. L'ambiguïté de la notion ne fait que refléter les états d'âme du pouvoir politique, à la fois conscient qu'il doit se dessaisir de responsabilités qu'il ne peut plus assumer en direct et peu désireux de les voir lui échapper à jamais. Mais cette situation hybride n'est en fait que provisoire. Très vite, l'« autorité administrative indépendante » n'a de cesse de prendre une posture juridictionnelle. La Commission des opérations de Bourse, le Conseil supérieur de l'audiovisuel, le Conseil de la concurrence, la Commission de privatisation, l'Autorité de régulation des télécommunications, et un jour prochain, moins éloigné qu'on ne le croit, les autorités de régulation de l'eau, de l'électricité, du gaz : autant d'institutions anciennes, récentes ou futures dont la courbe d'apprentissage est la même.

Elles trouvent toujours le moyen de fonder leur indépendance en prenant une décision symbolique contraire aux vœux du gouvernement. Pour le pire, lorsque le Conseil supérieur de l'audiovisuel offre, à rebours de la volonté gouvernementale, un surcroît de publicité à telle ou telle chaîne de la télévision. Pour le meilleur, quand la Commission de privatisation ose se dresser, au nom des intérêts patrimoniaux de l'État, contre telle décision industrielle hâtive. Le prestige désormais lié au seul mot d'indépendance est si fort que les pouvoirs publics n'osent plus passer outre, même quand ils en ont le droit, à l'avis d'une autorité administrative indépendante, comme le Conseil de la concurrence. L'État est pris au piège de l'« arroseur arrosé ». Au départ, ces institutions ambiguës étaient vouées à jouer les alibis et elles ont, pour certaines, tenu ce rôle avec enthousiasme, telles la CNCL, ancêtre du CSA ou la Commission de privatisation version 1986, à l'instar du Conseil constitutionnel dans les années 60. Puis, comme ce fut le cas pour le juge constitutionnel, elles se sont mises à croire à leur mission, l'ont remplie et ont même pris un plaisir pervers à s'opposer au pouvoir qui les avait portées sur les fonts baptismaux.

Juges, elles veulent désormais l'être et le paraître, mais elles n'en ont pas encore acquis la pratique. La fonction juridictionnelle exige des procédures codées, des rites inflexibles et des droits incontestables au profit des plaignants. Ces institutions vivent trop souvent dans le flou, l'incertain, l'opacité. Ainsi, par exemple, du fonctionnement de la Commission des opérations de Bourse qui a longtemps mélangé en son sein les fonctions de juge d'instruction, de procureur et de juge du siège. Ainsi des décisions souveraines, puisque non susceptibles d'appel ou de recours en annulation, qu'elles prennent en certaines matières, bénéficiant de la sorte d'un privilège exorbitant. Ainsi de la possibilité qu'elles ont de ne pas motiver des choix dont les conséquences économiques peuvent néanmoins être lourdes. Si la moindre cour d'appel de province fonctionnait à l'instar de ces autorités hybrides, ses arrêts en feraient une abonnée de la Cour de cassation… Le mouvement de la société, le triomphe du droit, le goût désormais immodéré de l'indépendance ont transformé en juridictions plus puissantes que l'appareil judiciaire des instances biscornues que tout paraissait condamner à l'ambiguïté.

*

Pour l'opinion, toute décision politique ou administrative est désormais suspecte, tout jugement légitime. Alors que l'expression rituelle d'« autorité de la chose jugée » semblait une concession, en France, aux usages de la séparation des pouvoirs, elle est devenue sanctificatrice. Un doute éthique ? Au comité *ad hoc* d'exprimer le bon sens scientifique et au juge de trancher, un jour de l'insémination artificielle, un autre du clonage, un autre encore de l'usage des tests génétiques sur les vivants ou les morts et ce jusqu'au moment où une loi essaie de figer l'État de droit. Mais l'évolution scientifique se gardant bien de régler son rythme sur celui du législateur, de nouvelles interrogations apparaissent et la ronde de reprendre : débat public, comité d'éthique, jugements souvent contradictoires, jurisprudence en voie de stabilisation et a posteriori normalisation législative.

Un enjeu symbolique ? Par exemple le port du foulard islamique ou les critères de régularisation des sans-papiers. L'État est frappé d'impuissance face à des revendications qui font descendre des milliers de manifestants dans les rues. Le Parlement se garde bien d'avancer la moindre proposition de loi, afin de trancher le nœud gordien. Que reste-t-il ? Le Conseil d'État en majesté, qui détermine les conditions d'application de la laïcité ou la philosophie pratique de la citoyenneté. C'est lui qui, sous couvert d'antécédents historiques et de filiations conceptuelles, fait de la politique. Non certes de la cuisine électorale, mais de la vraie politique, celle qui manie la mémoire et les symboles d'un pays et en définit le contrat social. Les juges du Palais-Royal ne se dérobent pas devant cette mission inattendue : ni magistrats ni technocrates, ils sont plus sensibles que leurs collègues de l'ordre judiciaire aux exigences de l'action publique et peut-être savourent-ils, en secret, la capitulation en leurs mains du pouvoir exécutif.

La politique sociale ? Elle résultait, jusqu'à présent, des relations contractuelles entre le patronat et les syndicats, sous l'œil vigilant de l'État. Voilà, désormais, un nouvel acteur omniprésent en matière d'emploi, le juge. Celui-ci s'est emparé de la législation sur les plans sociaux à partir de laquelle il est en train de bâtir une jurisprudence décisive. L'entreprise se sent désormais plus dépendante de l'intervention de la justice qu'elle ne l'était hier de la pression tatillonne des inspecteurs du travail. Ce n'est pas le juge qui, de son propre gré, s'est érigé en arbitre ultime de la relation sociale ; ce sont la disparition des conflits traditionnels, l'affaiblissement des syndicats, l'impossibilité pour eux d'établir un rapport de forces en leur faveur qui les a transformés en plaignants. Avec pour toile de fond une vie sociale balbutiante s'impose la nécessité d'un arbitre : l'État n'a ni la crédibilité ni les instruments juridiques pour tenir encore ce rôle. Une fois de plus, la puissance du juge ne résulte que de l'anémie de la société et de l'incapacité des acteurs collectifs à jouer leur partie.

Les controverses historiques ? Qui aurait imaginé, il y a dix ans, que, dans un pays où les historiens ne cessent de bénéficier d'un statut emblématique, certains débats se concluraient devant le juge ? Le procès Papon demeurera par définition une exception, puisqu'il n'y aura plus en France de jugements pour crimes contre l'humanité. Mais qui aurait imaginé, il y a vingt ans, lorsque la France a commencé à lever le voile sur son passé vichyste, que seul un procès serait susceptible d'aider le pays à assumer sa face la plus noire ? On aurait, à l'époque, attendu des intellectuels, des politiques, des historiens qu'ils aident la conscience collective à s'affranchir de ses tabous, mais certes pas des juges. La démarche ne se limite pas au seul procès de Bordeaux. Le jugement prononcé à la suite de la plainte en diffamation des Aubrac contre Gérard Chauvy témoigne aussi de cette passation du pouvoir historique des mains des spécialistes à celles des juges. Le débat sur l'affaire de Caluire s'est transporté des colonnes des journaux à un collège d'historiens — réuni à l'instigation de *Libération* —, simulacre d'un tribunal d'honneur et donc première manifestation, en pointillé, d'un recours à un juge officieux, avant de s'achever devant une chambre du tribunal de grande instance de Paris. Celle-ci s'est d'ailleurs improvisée historienne, avec le même talent que le Conseil d'État s'est révélé politique. Quand un arrêt est d'une particulière intelligence, l'« autorité de la chose jugée » lui donne aujourd'hui une force que l'article signé de l'historien le plus incontestable ne possède pas. L'amateur sanctifié qu'est le juge pèse davantage dans le choc des opinions que le professionnel, et le prétoire devient l'espace privilégié du débat public, parce qu'il sauvegarde le jeu de la contradiction.

Étrange signe, pour une société aux allures libertaires qui refuse les contraintes et les formes traditionnelles d'autorité, d'aller chercher refuge derrière la symbolique du juge judiciaire, les robes d'hermine, le glaive et la balance, pour régler des contentieux moraux, culturels ou historiques qui relèveraient normalement de l'affrontement classique des idées et des passions.

*

Forte de son triomphe, la justice pousse d'ailleurs l'intelligence jusqu'à chercher elle-même, par tous les moyens, à se dessaisir et à alléger son fonds de commerce. Ainsi encourage-t-elle, en cultivant toutes les procédures de médiation, de conciliation et d'arbitrage, au développement d'une « justice privée ». Le contentieux a beau exploser, les plaintes et procès se multiplier, ils ne constituent que la pointe émergée de l'univers juridique. Avec, il est vrai, dix mille lois applicables, quatre-vingt-dix mille décrets, vingt-cinq mille règlements communautaires, tout est en place pour un raz-de-marée des procédures et donc un risque de blocage. De là la multiplication des arbitrages formels, des médiations en tous genres, des conciliations spontanées, du recours permanent, à tous les étages de la société, au mythe des personnalités qualifiées, afin de trancher les conflits en équité, sans avoir recours aux lourdeurs de l'appareil judiciaire. À l'instar des communautés rurales d'autrefois qui ont confié successivement une magistrature d'influence au seigneur, au prêtre, à l'instituteur, au notaire ou au médecin, la société contemporaine est en quête d'aristocrates de circonstance, de curés occasionnels, de maîtres d'école de rencontre pour tenir le même rôle dans les conflits les plus modernes.

On peut, comme Laurent Cohen-Tanugi, fonder cet essor de l'arbitrage sur l'irrésistible ascension des relations contractuelles et y voir le signe d'une américanisation de la société française, en train de découvrir, à son tour, le « droit sans l'État ». Moins de décrets ; davantage de contrats. Moins de présence autoritaire de la puissance publique ; davantage de conflits entre acteurs sociaux. Moins d'obéissance de la part de citoyens habitués à la passivité ; davantage de présence d'associations, de lobbies, de groupes de pression désireux de faire reconnaître leurs droits. Moins de droits sociaux octroyés par l'État-providence ; davantage de mise en jeu de la responsabilité pour les uns et d'indemnisation pour les autres. Moins de hiérarchie verticale ; davantage de relations horizontales. Autant de signes, en effet, qui témoignent de la fin d'une époque et qui manifestent un alignement du modèle français, militaire et administratif sur un jeu plus ouvert, plus concurrentiel, plus sociétal. Ce serait une nouvelle représentation politique qui se mettrait de la sorte subrepticement en place, avec le passage d'un État souverain à un État de justiciables, d'un État administrateur à un État arbitre, d'un État redistributeur à un État protecteur, d'un État centralisé à un État « procéduralisé ». En réalité, la mutation n'est pas achevée et les deux formes politiques coexistent au point de se contester et de se neutraliser, même si le vainqueur à l'arrivée est connu, le droit prenant l'ascendant sur la tradition administrative.

Mais il est possible de plaider, avec la même vigueur, une thèse symétrique et de voir dans cette recherche d'arbitres, grands et petits, et de médiateurs de haute comme de basse lignée, la quête d'une autorité supérieure. Il en irait, dans ce mouvement, de la justice comme du pouvoir aux yeux de Michel Foucault : elle serait partout et nulle part, insaisissable et omniprésente, diffuse et omnipotente. Une ligne continue va de l'arbitre d'une querelle de bornage jusqu'aux grands arbitres internationaux et de ceux-ci jusqu'à la Cour de cassation, témoignant de l'autorité nouvelle du droit de la même manière que le fil hiérarchique courait autrefois de l'instituteur de village jusqu'au ministre de l'Éducation et du gendarme auxiliaire jusqu'au préfet. La société ne se serait pas émancipée ; elle n'aurait pas commencé à produire ses propres règles, mais elle se serait contentée de substituer une hiérarchie à une autre, comme elle est passée, après chacune de nos révolutions, d'un régime à un autre avec, chaque fois, un renforcement du pouvoir. La justice, privée ou publique, ne témoignerait que d'un irrépressible besoin d'ordre. Elle n'intervient d'ailleurs, sauf en matière pénale, que lorsqu'elle est saisie. C'est une autorité désirée et non imposée, réclamée et non établie.

Vue sous cet angle, l'indépendance des juges ne relève pas d'un simple débat fonctionnel, en l'occurrence garantir les moyens de son action à ce qui n'était hier qu'une « autorité » d'après les termes de la Constitution de 1958 et qui s'assimile désormais à un vrai pouvoir. L'indépendance est devenue le mythe fondateur de ce nouveau règne. Elle est à la justice ce que la majesté est au pouvoir régalien : le symbole auquel peut se ramener le fonctionnement entier du système. Ni les derniers échanges sur la composition du Conseil supérieur de la magistrature, ni les discussions sur la possibilité de donner ou non aux procureurs des instructions dans les affaires individuelles, ni les revendications sur la revalorisation du statut des magistrats ne sont en mesure de répondre à une telle aspiration symbolique. À ce jeu-là, la justice ne paraîtra jamais assez indépendante. Derrière ce fantasme, ce sont l'autorité tutélaire, l'équanimité, la figure du père que quête l'opinion. En fait la « justice indépendante » est devenue, dans le langage commun, une métaphore pour marquer l'aspiration à une justice reine des pouvoirs, que ni les magistrats ni les observateurs n'osent proclamer...

*

Derrière les innombrables symboles de l'ascension du droit — le triomphe du pénal, la domination du Conseil constitutionnel, l'irruption du droit international, l'affirmation des autorités indépendantes, le développement du « tout juridique », l'essor de l'arbitrage — se profile un État en lambeaux.

Du mythe français de la loi que reste-t-il ? Nous glissons subrepticement vers la *common law* britannique, c'est-à-dire vers un système où en l'absence de lois explicitement contraires, les règles coutumières ou jurisprudentielles prennent une force légale. La philosophie française du pouvoir était bâtie, depuis la Révolution, sur une stricte hiérarchie : la souveraineté populaire, mère de la loi, et celle-ci dominatrice par rapport à des juges transformés en simples porte-parole, les « bouches de la loi » suivant le mot de Montesquieu.

Afin de ne pas être prisonnière de normes juridiques trop strictes, la France s'était découvert une spécialité : « une règle dure, une pratique molle », suivant le mot de Tocqueville. À l'instar des autres pays latins, nous avons longtemps fonctionné avec un droit officiel différent du droit vécu, à la grande surprise des Anglo-Saxons. La loi est faite pour être annoncée, non pour être respectée, et aucune jurisprudence ne se substitue à elle et n'occupe l'espace béant qui s'ouvre devant les citoyens. Voilà comment se sont créées en France des situations de «non-droit», incompréhensibles pour un Anglais ou un Américain. Pour eux, il existe toujours un droit, avec, à défaut de la loi, la jurisprudence. Nous Français avons en revanche vécu pendant près de deux siècles en pleine schizophrénie : d'un côté une loi en apparence hiératique et en réalité formelle; de l'autre un univers confortable d'illégalité.

C'est ce système qui s'effondre, et avec lui les privilèges d'«extraterritorialité» de la puissance publique. La démocratie parlementaire a, depuis 1958, cédé la place à une monarchie républicaine et administrative qui se trouve confrontée à la puissance grandissante des juges. Celle-ci se serait-elle affirmée si le régime était demeuré parlementaire? Ce n'est pas une certitude. Au-delà du mouvement anticorruption qui vise au premier chef les élus, c'est l'État administratif qui est dans la ligne de mire. Se contentant désormais de produire des règles dans un corps à corps avec les lobbies sous le seul arbitrage du juge, l'administration perd son ascendant régalien, et ses fonctionnaires leur rang de mandarins. Devenus de simples praticiens de la gestion publique, ils ne bénéficient plus de privilèges statutaires. Les procédures judiciaires relatives à l'affaire du sang contaminé; la comparution, comme accusés, de ces personnifications de la puissance publique que sont les préfets, par exemple dans les dossiers de Furiani et de Barbotan-les-Thermes; le désir des justiciables de faire condamner les représentants de l'État par le juge pénal de préférence à un juge administratif qui punit non les personnes mais les institutions; l'apparition d'un nouvel acteur social — les victimes — : autant de témoignages de cette révolution.

L'égalité devant la loi pénale est devenue une aspiration collective, alors que, pendant deux siècles, la société française y était indifférente. Elle se contentait de la « logique de l'honneur » chère à Philippe d'Iribarne. Le pouvoir appartenait à une caste qui s'autogérait, écartait en douceur les médiocres, ne les humiliait jamais publiquement et assurait sa propre police, de manière à ne pas se compromettre avec la justice. Un ministre n'était jamais responsable de ses actes, même si, un jour, le Conseil d'État condamnait la puissance publique à dédommager les victimes ; un préfet ne connaissait, le cas échéant, d'autre sanction que la mise hors cadres ; les hauts fonctionnaires étaient protégés à vie par l'anonymat. L'irresponsabilité individuelle des puissants, l'arrogance des élites, le mépris pour la règle commune : tels étaient les traits de la société d'ordres dans laquelle nous vivions. La France, sous cet angle, était plus proche de l'Inde que des États-Unis. Accusés de corporatisme, les juges peuvent, à bon droit, prétendre qu'ils n'avaient pas d'autre moyen de survivre dans un tel système qu'en s'y pliant eux-mêmes et en se transformant en « anti-ordre ».

La mutation entre les deux mondes ne se fait pas sans heurt. La pétition des patrons français au moment de l'incarcération en Belgique de Didier Pineau-Valencienne, les réactions de solidarité de la classe politique face à la condamnation d'Henri Emmanuelli dans l'affaire Urba, les mouvements de solidarité parmi les hauts fonctionnaires lorsque l'un d'entre eux est cloué au pilori par la justice pénale : autant de manifestations, contreproductives pour les accusés, mais qui manifestent la difficulté, pour les élites, d'abandonner le confort de l'autodiscipline, donc l'impunité qui l'accompagnait, et de se retrouver « clients ordinaires » du système judiciaire. La tentation est grande de mettre le changement d'attitude de l'opinion sur le compte des réflexes populistes qui l'assaillent. Un certain voyeurisme, la quête de boucs émissaires, la haine viscérale envers les puissants accompagnent à l'évidence cette lame de fond, mais attribuer le soudain égalitarisme devant la loi à des pulsions aussi primitives fait litière de la révolution qui, avec le triomphe du droit, balaie la France.

C'est un nouvel univers politique qui se met en place. Avec, sous couvert d'un jeu précis entre pouvoirs et contre-pouvoirs, des frontières floues. Hier, le public et le privé étaient séparés, le fonctionnaire et le juge faisaient des métiers différents, le contrôleur et le contrôlé s'ignoraient. Désormais, le juge fait, sans le dire, de la politique ; le politique modifie la règle pénale à défaut de pouvoir peser individuellement sur telle ou telle affaire ; le fonctionnaire et l'industriel sont confrontés aux mêmes règles ; la jurisprudence prend l'ascendant sur la loi ; les tribunaux déterminent l'alpha et l'oméga des relations commerciales ou sociales. Avec désormais un principe cardinal : la responsabilité individuelle en complément des mécanismes subtils bâtis par le Conseil d'État et qui visaient à indemniser les citoyens sans mettre en accusation les fonctionnaires. Avec de nouveaux joueurs : les innombrables catégories réunies par leurs intérêts de victimes et non plus, suivant la vulgate marxiste, par leurs places dans l'appareil de production. Avec, comme conséquence, de nouvelles aspirations collectives : tel le culte du « tout-assurance » de préférence aux droits sociaux classiques.

Dans un monde régi par le droit, l'État se banalise : plaignant, accusé, condamné, pris dans la nasse de relations égalitaires avec les associations, les lobbies, les victimes, prisonnier de procédures sur lesquelles il n'a plus prise, justiciable, contractant, quémandeur. Que reste-t-il de sa passion violente pour la souveraineté ? de sa toute-puissance ? de sa majesté ? C'est un nouvel imaginaire qui s'installe, incarné par d'autres allégories : le marché, l'opinion, le juge.

II

LA SAINTE TRINITÉ

Le « collectif » ne cesse, depuis une vingtaine d'années, de perdre pied, au profit de l'individualisme. Les mouvements collectifs ? Tous sont sur le recul : partis politiques, syndicats, Églises, grandes associations, aucun n'échappe au déclin. Les conflits collectifs ? Hier la norme dans une économie moderne, ils représentent aujourd'hui une exception ou une anomalie ; gages autrefois du progrès, ils sont devenus pour l'esprit du temps les dernières manifestations de l'archaïsme. Les aspirations collectives ? Avec l'engloutissement d'un communisme qui poussait jusqu'à l'absurde le rêve de reconstruction de la société, c'est le principe même de l'utopie sociale qui est atteint ; le culte des droits de l'homme, la redécouverte de l'esprit missionnaire, la résurrection, sous un habillage contemporain, de la charité : autant de substituts aux grandes envolées sur l'homme nouveau et la société sans classes.

La victoire de l'individu rime avec celles du marché et de l'opinion. La société de marché et la démocratie d'opinion semblent être, en effet, devenues nos « horizons indépassables ». Ceux qui ne satisfont pas à leurs canons ne souhaitent que les rejoindre et ceux qui les pratiquent avec naturel réussissent à se convaincre que, cette fois-ci, la mythique «fin de l'Histoire» s'est peut-être produite.

Or, au débouché du marché et de l'opinion apparaît, tutélaire et incontestée, la figure du juge. Dans le premier cas — la toute-puissance du marché — le droit est devenu le garant de la compétition et de la concurrence. La société se civilise d'autant plus que le droit et le marché apparaissent indissociables. Le marché sans le droit, c'est la jungle, et la Russie en offre un exemple impressionnant. Le droit sans le marché, c'est le règne de la bureaucratie et l'immobilité. L'un et l'autre essaient dans nos sociétés occidentales d'avancer du même pas. Plus le capitalisme et le système libéral progressent, plus le droit et son noble serviteur, le juge, prennent de l'importance. Ce dernier est aussi le gagnant de la partie nouvelle que représente la démocratie d'opinion. Le journaliste est là son jumeau et cette paire imprévisible fait désormais corps avec l'opinion dont elle s'imprègne et qu'à son tour elle modèle.

Autrefois, dans les États où le droit était tout-puissant, il tirait sa légitimité soit de la structure fédérale du gouvernement, soit d'un ancrage dans la Constitution, soit encore du principe libéral de la *common law* — au juge de baliser tout ce que la loi n'organise pas. Désormais, même s'ils servent encore de références, ces fondements originels cèdent le pas à deux moteurs infiniment plus puissants, qui font corps avec l'évolution des sociétés contemporaines : le marché et l'opinion. Chevauchant de telles lames de fond, le droit ne connaît guère de limites à son irrésistible ascension.

*

À travers le contre-exemple de la Russie se mesure, en négatif, la place du droit dans une économie de marché. Lorsque celle-ci se développe sans code de commerce, sans règles d'urbanisme, sans code civil, sans menace pénale, sans police au service du juge, sans juge au service du droit, le marché ressemble à une jungle, le capitalisme au jeu primaire des rapports de forces, la technocratie se transforme en « kleptocratie » — l'élite du vol —, la mafia devient la classe dominante, la notion même d'interdit disparaît, le monopole de la violence n'appartient plus à l'État. Il n'existe plus ni économie légale, ni économie noire, ni zones grises, mais un univers où tous les pouvoirs se confondent dans les mains de quelques « tycoons » qui privatisent, à leur seul bénéfice, les principaux actifs du pays, qui mettent sous tutelle le système politique et qui domestiquent, pour leur profit exclusif, les médias les plus importants. Laissé de la sorte en liberté, le marché est certes efficace mais destructeur. Avec lui se développent des groupes en situation de monopole qui ne se contentent pas de fixer à leur avantage les prix et de pénaliser les consommateurs, mais qui sont devenus les féodaux d'un « nouveau Moyen Âge », avides de se répartir toutes les prébendes que suscite une économie plus financière et médiatique que productive.

Lorsqu'il pariait sur l'« éthique protestante du capitalisme », Max Weber tablait sur une morale, à la fois communautaire et individuelle, pour servir de contrepoids aux tentations naturelles générées par le marché. Dans notre monde prosaïque, il est sage de parier sur la règle du droit. C'est désormais le choix des sociétés les plus démocratiques.

Le marché rime avec l'individualisme, et celui-ci avec la responsabilité personnelle. Sans y avoir été préparé, le juge devient, dès lors, le garant naturel du bon fonctionnement du système. Il impose aux acteurs des relations intenses et sophistiquées. Ceux-ci mènent leur jeu de façon autonome et passent entre eux mille et un accords. D'où l'importance du contrat. Il détermine les relations, établit les responsabilités mutuelles, balise l'avenir. Nulle part, l'emprise contractuelle n'est aussi forte qu'aux États-Unis. Entre un contrat américain d'une incroyable épaisseur, prenant en compte toutes les hypothèses, même les plus ténues, encadrant l'avenir afin de ne laisser aucune place au hasard et à la mauvaise foi, et un protocole traditionnel à la française, synthétique et allusif, il existe davantage que des différences de technique juridique : des cultures aux antipodes l'une de l'autre, même si la nôtre est en train d'avancer, à marche forcée, vers un modèle d'outre-Atlantique qui, lui-même, devient caricatural, voire contre-productif.

L'emprise excessive du droit, la définition extensive de la responsabilité personnelle, la menace lancinante du procès finissent par inhiber maintes initiatives et multiplier les effets pervers. Ainsi des chirurgiens qui renoncent à certains types d'opérations, dans l'impossibilité où ils sont de s'assurer, à un prix raisonnable, contre les dommages et intérêts que pourraient leur réclamer des malades insatisfaits ou simplement prêts, à l'initiative de certains avocats, à tenter leur chance comme à la loterie. Ainsi d'inventions novatrices qui ne trouvent pas de débouchés, tant leur protection juridique est coûteuse. Ainsi des membres de la communauté des affaires qui refusent de devenir administrateurs de société par peur des risques de procès et par impossibilité de trouver une assurance pour les protéger. Ainsi des entreprises terrifiées par les lobbies de consommateurs, des industriels affolés par les associations écologistes, des services publics terrorisés par leurs usagers, des hôpitaux pétrifiés devant leurs malades... Les Américains eux-mêmes s'inquiètent des excès d'un juridisme qui, à force de vouloir codifier le fonctionnement d'une société de marché, devient paralysant. Mais c'est là le stade ultime d'une évolution.

Le système français est certes plus proche des mœurs américaines que de la jungle russe, mais il n'en a, pour l'instant, tiré que les avantages, sans verser dans la caricature. Le citoyen, le consommateur, l'usager, le résident ont, chaque jour davantage, des droits et des responsabilités. À eux de protéger les premiers et d'assumer les secondes. Voilà pourquoi l'avenir appartient aux avocats et juristes de tout acabit, aux juges de toutes spécialités, aux assureurs contre tous les risques. Le recours aux procédures pénales ne devrait constituer que la pointe émergée de l'immense iceberg juridique. Mais la pénalisation est un produit du « mal français », en l'occurrence de la place ambiguë réservée à la justice, ce qui conduit, chez nous, le pénal à assumer un rôle sans équivalent ailleurs dans le règlement des conflits de droit. Dans une société de marché, les individus triomphent et, corollaire naturel, les tensions, les conflits, les affrontements se développent entre eux ; l'immense appareil juridique ne fait alors qu'exercer, sous les formes les plus sophistiquées, les bonnes vieilles attributions du juge de paix.

Le marché ne fait pas seulement corps avec l'individualisme ; il postule la flexibilité, la souplesse, la capacité d'adaptation aux situations. De cette exigence naît, au moins autant que de l'affaiblissement de l'État régalien, le triomphe de la jurisprudence. Elle est gage de diversité et de polymorphie. C'est l'enchaînement des arrêts et lui seul qui dessine l'état du droit. Mécanique flexible qui permet d'épouser les mouvements de la société et de faire souvent des allers-retours. C'est, d'une certaine façon, l'humeur collective qui fixe le droit. Etrange alchimie entre un sentiment diffus, la pression des lobbies et la dynamique des textes juridiques : le droit n'a souvent le choix qu'entre anticiper sur les aspirations de la société ou les entériner ; il n'a pas la capacité de créer *ex nihilo* le mouvement ou d'aller à rebours de son environnement. C'est du moins la différence entre la jurisprudence à l'américaine, souple, ductile et parfois versatile, et la jurisprudence française, encore marquée par la tradition rationaliste et qui enfile les arrêts comme les maillons d'une chaîne.

Certes, les membres de la Cour suprême américaine ne possèdent en rien la faculté de décider à partir d'une table rase. Les antécédents sont là, dont l'épaisseur et la complexité réduisent le champ des possibles. La Constitution demeure en surplomb, même si, à chaque instant, l'interprétation de ses amendements traduit l'esprit du temps. Le droit est, aux États-Unis, une création continue. Il est indissociable de la vie même de la société. Société de marché, contractualisation des relations, droit omniprésent et flexible sont les composantes d'un même système : sa complexité est à la mesure de sa richesse ; sa sophistication, de sa diversité institutionnelle.

Nous n'en sommes pas là : même si le juge s'est émancipé du législateur et si le Conseil constitutionnel est devenu le tuteur du Parlement, la démarche n'est pas la même. Elle est plus cartésienne, plus linéaire, plus prévisible. Les revirements de jurisprudence ne sont pas monnaie courante. Il existe au contraire une dynamique jurisprudentielle qui entasse les contraintes, au nom du raisonnement si français que changer, ce serait se renier. Ainsi du Conseil constitutionnel, le seul organisme juridique vraiment libre puisqu'il ne connaît d'autres limites que celles qu'il s'impose à lui-même. Il est capable de menacer d'inconstitutionnalité le passage de la participation de l'État dans France Télécom au-dessous de 51 %, au nom d'une définition du service public qui trouve son origine dans le préambule de la Constitution de 1958, lequel renvoie au préambule du texte fondateur de la IVe République, lui-même décalqué du programme économique du Conseil national de la Résistance élaboré en 1944 par une coalition gaulliste-socialiste-communiste. En pleine révolution des télécommunications, après l'an 2000, un gouvernement risque d'être bridé par l'ombre portée d'une idéologie élaborée pendant la Seconde Guerre mondiale !

Incroyable enchaînement juridique et historique inimaginable outre-Atlantique. Ne voit-on pas aux États-Unis la jurisprudence de la Federal Trade Commission ou, dans le secteur des médias, de la Federal Communication Commission évoluer au rythme des changements technologiques et aussi des intérêts industriels américains ? Le secteur du téléphone a ainsi connu en quelques années l'éclatement d'ATT au nom du refus des monopoles, le libre jeu des initiatives puis la reconstitution, avec la bénédiction officielle, d'un oligopole entre des entreprises susceptibles d'atteindre, de la sorte, une taille mondiale. Ce ne sont en France ni le Conseil de la concurrence, ni la balbutiante Autorité de régulation des Télécommunications qui s'autoriseraient de tels tête-à-queue. Et que dire des règles anticoncentration pour la télévision qui, toujours aux États-Unis, brident, un temps, les entreprises au nom du pluralisme démocratique, puis quelques années plus tard, leur restituent leur pleine liberté pour cause de compétition mondiale et d'impératif industriel ? Parce que la démarche jurisprudentielle fait, pour les Américains, corps avec le marché, ils en admettent la mobilité, voire les contradictions apparentes.

Devenue, en France, le substitut, dans l'esprit public, de la loi, la jurisprudence en porte les stigmates : rigidité, immobilité, exhaustivité. De ce point de vue, les exigences de l'économie de marché ne se sont pas encore imposées. C'est une philosophie juridique, aux allures de droit administratif, qui l'encadre et non une doctrine flexible et mobile. Quelques débats internationaux, comme la réglementation des droits d'auteur ou les règles en vigueur sur Internet, en portent trace : si dépendants de la philosophie anglo-saxonne qu'ils apparaissent aux yeux de Régis Debray et consorts, les Français se font, à rebours des Américains, les apôtres de règles strictes et rigides. Avec le marché, le droit s'impose et avec lui la jurisprudence, mais elle n'est pas en rupture avec notre tradition de cartésianisme juridique. Hybride, elle assure, à sa manière, la transition entre deux mondes, deux cultures, deux époques.

Le droit s'immisce aussi au cœur de l'économie de marché, à l'occasion d'une autre évolution majeure : la substitution progressive d'un capitalisme démocratique au capitalisme oligarchique. C'est, de ce point de vue, un raz-de-marée qui bouscule les entreprises françaises et dont les mythiques fonds anglo-saxons de retraite et d'épargne sont la source. Détenant aujourd'hui 40 % de la capitalisation boursière française et concentrant leurs positions sur les meilleures sociétés, ils représentent plus de la moitié de l'actionnariat des plus importantes compagnies. De ce point de vue, la Bourse de Paris est devenue un compartiment spécialisé de Wall Street, situation que ne connaissent ni la place de Londres, compte tenu du poids des fonds de retraite britanniques, ni les places allemandes, ouvertes à moins de 15 % aux capitaux étrangers. Comme les investissements internationaux n'ont aucune raison de s'accommoder à Paris d'usages qu'ils ne toléreraient ni à New York ni à Londres, ils obligent le système à vivre une mutation accélérée. Sur le plan de la gestion financière, avec le culte du profit à court terme, du bénéfice par action et, suivant le poncif à la mode, de la « création de valeur ». Mais aussi en matière de comportements, de pratiques et de mœurs.

C'est un « Ancien Régime » avec ses privilèges, ses prébendes, ses protections, sa haute et basse noblesses, qui disparaît au profit d'un jeu plus ouvert, plus égalitaire, plus démocratique. Ce n'est pas l'État interventionniste qui abat les vieilles bastilles, mais le droit. Il sert à la fois de régulateur et d'accoucheur. Régulateur, car il lui appartient de fabriquer un système de pouvoirs et contre-pouvoirs qui constitue le meilleur frein face aux dérapages du marché, c'est-à-dire face au goût naturel que ce dernier a pour les monopoles et les abus de puissance. Accoucheur, le droit l'est à l'égard des actionnaires, des salariés, des consommateurs dont il enrichit la capacité d'intervention.

Vis-à-vis des actionnaires, il lui revient d'instaurer la transparence : sur les résultats de l'entreprise ; à l'occasion des opérations sur son capital; dans son fonctionnement. C'est à lui de faire respecter les actionnaires minoritaires. Au moment où toutes les minorités s'affirment, le capitalisme semble moins magnanime à l'égard de ses propres minorités que le monde politique ou la société civile. Le temps n'est plus aux abus traditionnels de majorité, tels qu'ils se sont pratiqués allègrement pendant des décennies : transferts d'actifs à des prix de convenance; restructurations au seul avantage de l'actionnaire de contrôle; prélèvements indus au titre de l'aide à la gestion... La COB et la justice semblent désormais plus sourcilleuses, les règles plus strictes, les procédures judiciaires plus fréquentes et les plaintes des minoritaires mieux reçues. On ne voit plus de sociétés prendre sans vergogne des positions pour le seul avantage de leur actionnaire de contrôle ou des banques d'affaires s'égarer dans d'incroyables conflits d'intérêts. De même les «usines à gaz» qui, de holding en holding, pénalisent les actionnaires minoritaires survivent-elles difficilement aux coups de boutoir des fonds anglo-saxons. Les textes existaient de longue date qui proscrivaient les abus de majorité, mais il y a encore dix ans les actionnaires n'osaient pas défendre leurs droits, la COB faire acte d'autorité et les juges ouvrir des poursuites. Les associations d'actionnaires minoritaires étaient aussi faibles que les lobbies de consommateurs dans l'après-guerre : sans ressources, sans droit d'ester en justice, sans représentativité.

Les investisseurs internationaux ont fait voler en éclats l'édifice du conformisme; à leur exemple les actionnaires français ont commencé à durcir le ton et les juges sont à leur tour entrés dans la partie, munis d'une incrimination «passe-partout», l'abus de biens sociaux, qui leur permet, sans contrainte de prescriptibilité et sans restriction de leur champ d'intervention, de porter le fer là où ils le veulent, comme ils le veulent, quand ils le veulent. L'évolution n'est certes pas encore parvenue à son terme, mais le système capitaliste français semble désormais infiniment plus proche des mécanismes de régulation anglo-saxons que de l'opacité et des relations incestueuses propres aux oligarchies allemande ou japonaise. Avec la chasse tous azimuts à la corruption, une première étape a été franchie. Avec la montée de la transparence et de l'égalité entre actionnaires, une seconde l'est. La dernière sera atteinte lorsque les actionnaires iront jusqu'au bout de leurs droits, mèneront des batailles en assemblées générales, se serviront de leurs votes, se coaliseront, se compteront. Le monde des affaires va apprendre à vivre avec ses minoritaires, à voir se développer leur représentation, à accepter leur droit à contester. EDF le fait bien avec ses usagers ! Les entreprises avec leurs clients ! Les maires avec leurs oppositions municipales ! La loi française sur les sociétés porte encore les stigmates du texte originel de 1941 : elle donne aux « chefs », en l'occurrence aux PDG, une place qu'aucune autre institution ne reconnaît à ses dirigeants, mais ceux-ci apprennent désormais à composer : leur toute-puissance a vécu.

Vis-à-vis des salariés, le droit déplace, lui aussi, les lignes de forces. Elles ne résultent plus de la bonne vieille dialectique sociale entre un patronat sur ses gardes et des syndicats capables de lui arracher des concessions. L'effondrement syndical fait disparaître la relation contractuelle dans l'entreprise, comme il périme le tripartisme, entre l'État, les syndicats et le patronat, dans la gestion de l'État-providence. Ce que le dialogue social n'engendre plus, le droit, lui, le suscite. Et ce à tous les étages. Depuis le Conseil constitutionnel qui a érigé certaines règles, tels la non-discrimination entre sexes, les fondements de la représentation, la philosophie égalitaire du droit social, au rang de principes généraux du droit. Jusqu'au législateur qui en arrive à faire évoluer les règles sociales, de son propre chef, en l'absence de toute revendication ou de tout conflit. Et plus encore jusqu'à la Cour de cassation qui a obligé, par exemple, une entreprise dont le plan social a été jugé nul à réintégrer ses salariés, a interdit les grèves tournantes dans les services publics ou a fixé la norme en matière de durée effective du travail, au point que, pendant le débat parlementaire sur les 35 heures, le gouvernement et l'Assemblée ont choisi de régler leurs désaccords en s'en remettant à la jurisprudence, donc en faisant du législatif l'élève appliqué du judiciaire. Ce n'est plus le conflit qui fait évoluer la pratique sociale, mais la règle du droit telle qu'elle est façonnée par le juge.

Le droit accoucheur n'a pas terminé sa mission avec les actionnaires minoritaires et les salariés ; il se charge aussi d'assurer d'autres contre-pouvoirs face à la dynamique du marché. Celui des consommateurs au premier chef. Des pas gigantesques ont été franchis, afin de limiter les concentrations, les oligopoles et les monopoles. Mais que de progrès encore à faire ! Quand le cartel du ciment sera-t-il mis à bas, lui qui, par exemple, résiste aux pressions de la Commission de Bruxelles ? Quand l'organisation de réseaux de distribution exclusifs ne servira-t-elle plus d'alibi aux contrôles de l'aval par l'amont et donc à la tutelle du consommateur par le producteur ? Quand les dernières professions fermées qui, tels les pharmaciens, s'abritent derrière des prétextes de santé publique finiront-elles par céder ? La libéralisation des services publics, la concurrence entre producteurs d'électricité ou de gaz ne doivent pas faire illusion. Le droit n'a encore définitivement éliminé ni les comportements monopolistes ni les attitudes restrictives. Ce ne sont ni l'arsenal législatif ni la jurisprudence qui pèchent par insuffisance, mais le dynamisme contestataire des consommateurs eux-mêmes. Ceux-ci demeurent encore prisonniers d'une habitude bien française qui voit l'État se charger de leur protection, là où dans d'autres pays ils s'adresseraient, sans relâche, à la justice. Le consumérisme utilise, de temps à autre, les médias pour défendre sa cause, mais il demeure timoré à l'égard du juge. Alors que dans les pays les plus anciennement capitalistes, les entreprises sont à la merci du moindre procès de clients, elles ont encore en France un sentiment d'impunité. Les services publics ont des difficultés à voir dans leurs usagers des clients, mais les entreprises privées demeurent, elles, souvent tentées de voir dans les consommateurs des usagers ! Des associations trop faibles, un lobbying timoré, l'absence d'avocats spécialisés désireux de multiplier les procès, l'habitude de demander à l'administration une protection réglementaire au lieu de réclamer réparation au juge : autant de traits qui dessinent un modèle archaïque et qui nous rappellent que le droit a besoin, pour encadrer le marché, d'être sollicité, requis et stimulé. La sauvegarde de la qualité des produits de consommation ne s'est pas développée à l'instar de la défense de la nature : le consumérisme a beaucoup à apprendre de l'écologie. C'est à la société de se prendre en main et d'utiliser le droit à son avantage.

Mais le droit ne peut tout codifier, sauf à conduire l'économie à l'impuissance : le délire juridique n'est pas moins dévastateur que la folie bureaucratique. À force d'établir des procédures pour imposer la transparence au marché, il pourrait, à la limite, le bloquer. C'est d'ailleurs le principal argument des partisans les plus absolutistes du marché : à trop l'encadrer, on risque de le tuer. Du droit, il faut attendre, vis-à-vis de l'économie capitaliste, des principes clairs, des sanctions exemplaires, une jurisprudence qui serve de feuille de route aux acteurs. À la société, sur cette base-là, d'aller plus loin et, appuyée sur ces textes, de préserver un minimum de vertu. Aux entreprises et aux organismes professionnels d'imposer à leurs membres des règles infiniment plus exigeantes que ne le veut la loi. C'est une affaire de sécurité juridique : il vaut toujours mieux cultiver une pratique sage que s'en remettre à des interdits absolus. C'est aussi une question de principe afin de marquer une préoccupation éthique qui déborde le jeu normal du marché. Malgré le flou grandissant qui efface la frontière du bien et du mal, malgré une complexité croissante de la vie économique qui rend possibles d'innombrables abus, une morale primaire commence à s'imposer qui sert de référence : elle va au-delà du simple respect d'un droit en gestation permanente. Ainsi le marché, à travers le droit qui désormais l'encadre, trouve-t-il un modérateur dans la morale collective que peu à peu les acteurs s'imposent à eux-mêmes.

C'est, en apparence, une évolution parallèle à celle qu'ont connue, dans nos société libérales, les droits individuels. Au-delà même des textes de base, un *habeas corpus* s'est imposé auquel se conforment individus, policiers et juges. Mais en matière économique, l'équilibre est nécessairement plus précaire : le marché est si ductile, les techniques — du moins dans la sphère financière — si changeantes, les flux si mobiles, les pratiques si insaisissables que les règles ne cessent d'être dépassées par la pratique. De là l'urgence de voir les acteurs s'autoréguler au nom d'une éthique qu'ils se sont peu à peu donnée et, dans le même mouvement, le risque, pour eux, d'être dépassés par les événements et les opportunités. La citoyenneté économique ne se définit pas avec la même certitude que la citoyenneté individuelle. Exemple, parmi tant d'autres : où commence, sur le plan boursier, le délit d'initié ? Quand un dirigeant doit-il s'abstenir de lever ses options d'achat, compte tenu des informations qu'il est seul à détenir ? Si l'on considère les arrière-pensées stratégiques comme des informations privilégiées, il sera, à la limite, toujours initié et ne pourra jamais intervenir sur le marché boursier. Situation logique et absurde. Presque toutes les situations relèvent, en économie de marché, d'approches aussi complexes. C'est dire l'alchimie délicate qui s'établit entre les textes, la morale individuelle et la perception collective des interdits.

Avec le marché, l'argent triomphe et il n'a que faire de la morale. Ni l'État ni la religion ne peuvent désormais lui imposer une éthique, pour autant qu'ils l'aient d'ailleurs fait dans le passé. Le capitalisme britannique n'a jamais été aussi opaque qu'à l'époque victorienne et la toute-puissance du pouvoir politique sous le Second Empire ne l'a pas conduit à combattre l'affairisme du moment. Le droit est donc le seul contre-feu possible au règne, sans partage, de l'argent. Mais si Dieu et l'État-nation ne l'établissent pas, d'où vient sa légitimité ? De même que des principes irréfragables se sont progressivement imposés dans les régimes démocratiques, de même s'établiront, au fil du temps, des règles incontournables pour ce qui constitue le jumeau de la démocratie, en l'occurrence le marché. Nous sommes au début d'un long processus et l'échafaudage juridique est encore branlant. Rien ne dit qu'il sera un jour de taille à encadrer le marché ; peut-être le droit ne rattrapera-t-il jamais la réalité économique.

*

La deuxième révolution française que nous sommes en train de vivre s'enracine donc dans les deux phénomènes dominants de cette fin de siècle : le marché et l'opinion. Mais elle le fait sous des formes différentes. C'est le droit, entité abstraite, corps de doctrine, réalité conceptuelle qui répond au marché. C'est le juge, personnage de chair et d'os, émanation d'une corporation professionnelle, figure emblématique qui fait face aux aspirations de l'opinion. On quitte, dès lors, un univers de rationalité pour une réalité plus irrationnelle, un monde de règles pour un espace fantasmagorique, une démarche empreinte de logique pour un enchaînement de pulsions. Le couple juge-opinion porte en lui infiniment plus de dangers et d'aléas que le duo complexe du droit et du marché.

Tout se joue dans l'alliance de fer conclue par le juge, les médias et l'opinion. À travers elle la démocratie représentative, fille de la grande Révolution, passe le relais à la démocratie d'opinion, enfant bâtard de la deuxième révolution. Dans le jeu à trois qui désormais s'installe, les médias semblent être l'acteur décisif : en réalité ils constituent davantage un reflet des deux autres qu'un moteur. La complicité entre les médias et la justice ne date pas d'hier ; elle s'est forgée dans une émancipation quasi simultanée. Pendant des siècles, l'État a voulu les domestiquer, au nom du centralisme et d'une vision qui, de toute éternité, a fait de la puissance publique le seul garant de l'intérêt général. Au même moment, les procédures judiciaires faisaient une place exorbitante aux volontés du pouvoir exécutif et les journaux étaient soumis au contrôle des préfets. Une fois les lois démocratiques en place, l'État n'a pas renoncé à garder la haute main sur la presse et la justice, mais au lieu de conserver une autorité formelle sur ces institutions, il s'est contenté de manipuler les hommes. Du côté des juges, par l'intimidation, par les promotions, les honneurs. Du côté des journaux et des journalistes, par un mélange subtil de pressions capitalistes, de prébendes individuelles et de connivence institutionnelle. Aussi n'ont-ils, les uns et les autres, conquis leur autonomie que récemment.

Aliénés côte à côte, ils ont été libérés ensemble. Ce sont l'évolution de la société et le bouleversement des esprits qui les ont affranchis. Entre les magistrats du Syndicat de la magistrature, enfants de 68, libertaires et anticapitalistes, et les nouvelles générations de journalistes issus du même moule, que de complicités ! De même, aujourd'hui, entre des juges moins politiques mais imbus de leurs droits, missionnaires et avides de notoriété, et des journalistes eux aussi dépolitisés mais imprégnés de culture américaine et convaincus de leur rôle de contre-pouvoirs, que d'assonances ! Parce qu'ils se ressemblent, nouveaux magistrats et nouveaux journalistes sont faits pour s'entendre ; parce qu'ils sont sociologiquement interchangeables, leur complicité est naturelle ; parce qu'ils partagent les mêmes valeurs, leur alliance semble indéfectible. Le juge d'instruction devient un personnage hors norme, à la puissance illimitée, dès lors qu'il utilise la presse comme caisse de résonance. Une mise en examen vaut désormais jugement, dès lors qu'elle est publique ; la présomption d'innocence devient une simple figure rhétorique et le jugement de première instance s'apparente à un appel du verdict de l'opinion, ce qui transforme à son tour l'appel légal en cassation de fait et la cassation en jugement *post mortem*. Mais ce glissement ne crée pas un niveau juridictionnel supplémentaire pour la plus grande protection des justiciables, puisque le premier arrêt, celui de l'opinion, équivaut toujours à une condamnation. Ainsi la procédure judiciaire devient-elle une énorme machinerie avec pour seule fin d'effacer au mieux la condamnation à laquelle équivalent, pour l'opinion, la mise en examen et a fortiori la détention préventive, de moins en moins provisoire.

Au moment où la justice commençait à s'émanciper, un pilonnage préalable par voie de presse lui permettait d'aborder des affaires délicates à l'abri de toute intervention extérieure et de provoquer une dynamique irréversible. Aujourd'hui où elle est toute-puissante, la démarche est plus ambiguë : vieux réflexe de prudence, habitude ou ubris médiatique ? Traumatisés par l'art et la manière avec lesquels les puissants n'ont cessé, pendant des décennies, de se protéger d'eux, les juges manient à leur tour le marteau-pilon de l'excommunication publique et se plaisent à humilier les seigneurs d'hier, afin de mieux conforter leur indépendance. Sans doute ne mesurent-ils pas combien le rapport de forces s'est modifié à leur avantage, au point que toute personne publique apparaît, aux yeux d'une opinion chauffée à blanc, comme un «préinculpé» ou un «prépréinculpé». Il y a quelques années encore, le couple formé par le juge et le journaliste pouvait, à bon droit, croire que seuls leurs efforts conjugués pourraient garantir l'exercice du contre-pouvoir judiciaire. Ils avançaient, bardés d'une étrange idéologie où dominaient moins le vieux fond marxiste que des remugles populistes, moins les rémanences de la lutte des classes que la haine, à la Péguy, du pouvoir et de l'argent.

Aujourd'hui, ils ont gagné mais n'hésitent pas à abuser, consciemment ou non, de leur victoire. Jamais l'idée ne semble les effleurer que, sous les feux de la rampe, la sanction devient plus forte pour les personnages publics et que l'égalité, enfin réelle, de tous devant la justice peut se transformer en inégalité aux dépens des puissants. Jamais le doute ne paraît habiter l'irrésistible duo à propos de ses propres pratiques : à force d'avoir milité pour un véritable *habeas corpus*, ils se refusent à imaginer qu'ils lui portent, eux les premiers, atteinte. Jamais il ne leur viendrait à l'esprit que le bon vieux principe «tout pouvoir exige un contre-pouvoir» s'applique aussi à leur association.

La surpuissance du couple juge-journaliste se perpétuera aussi longtemps que l'opinion le voudra. Celle-ci, pour l'instant, se plaît à un spectacle inhabituel où, comme à Guignol, on voit rosser les puissants, humilier les forts, sans que soient pour autant vengés les faibles. Elle n'aime guère les journalistes, mais elle s'est entichée des juges, inconsciente du fait qu'il suffit de conforter l'un des deux partenaires pour que leur alliance fonctionne à plein régime. De cette passion soudaine pour la justice témoigne le culte de l'indépendance, devenue une métaphore pour marquer le respect collectif à l'égard du droit et des magistrats.

La pression est si forte que même les hommes d'État les plus libres de leur parole s'en tiennent, sur ce plan-là, aux exigences du « discours politiquement correct » : tout surcroît d'indépendance donnée aux juges est un progrès vers la démocratie. Vers la démocratie, faudrait-il néanmoins demander, ou vers la démocratie d'opinion ? Par un étrange tour de passe-passe idéologique, se résout ainsi, sans qu'on l'avoue, une question cardinale. De qui une justice indépendante tient-elle sa légitimité ? Non de sa propre élection, dans le système français ; non de la désignation par les représentants du peuple, puisque le cordon ombilical est coupé. De qui, donc ? De l'opinion, répond subrepticement l'écho. Ainsi, sans le moindre lien explicite ou officiel, l'indépendance de la justice et la démocratie d'opinion sont-elles aussi indissociables que, dans leur propre sphère, le droit et le marché. La boucle est dès lors fermée, qui réunit dans une communion de tous les instants le juge, le journaliste et l'opinion.

Il est inutile, dans ces conditions, de s'interroger à perte de vue sur l'énigme que représente l'opinion. Celle-ci est devenue, à sa manière, omniprésente et totalitaire. « Une pression immense de l'esprit de tous sur l'intelligence de chacun » ; « l'individu est bien près de reconnaître qu'il a tort quand le plus grand nombre l'affirme » ; « la majorité n'a pas besoin de le contraindre, elle le convainc » ; « l'opinion commune est le seul guide qui reste à la raison individuelle chez les peuples démocratiques, elle pèse d'un poids immense sur l'esprit de chaque individu » ; « la foi dans l'opinion commune deviendra une sorte de religion, dont la majorité sera le prophète » : Tocqueville n'a-t-il pas tout dit ? Du fait, du mystère, de son impossible explication. Le reste — médias de masse, audimat, sondages, enquêtes — ne vient que par surcroît.

Cette opinion-là, ce maître absolu, ce dictateur invisible aime la justice et les juges. Les meilleurs spectacles contemporains, sport mis à part ? Les grands procès devenus les feuilletons à succès les plus regardés : O. J. Simpson a battu *Beverly Hills*, l'affaire Dutroux a envahi les écrans belges et s'il avait été retransmis, le procès Papon aurait sans doute triomphé à l'audimat. Les grandes émotions collectives ? Ce ne furent ni le génocide rwandais, ni la guerre en Bosnie, ni la création de l'euro, mais le fantasme pédophile qui a parcouru d'un bout à l'autre le continent, et les sentiments de solidarité pour les victimes de tel ou tel tueur. Les nouveaux lieux publics, hormis les stades ? Les prétoires, bien sûr, où se succèdent désormais, dans une représentation permanente, obsédés sexuels et hommes de pouvoir, assassins et puissants, dominés et dominateurs. L'Italie s'est ainsi offert, il y a moins de cinq ans, une révolution à blanc. Avec sa « guillotine sèche » qui a banni les anciennes élites. Avec son héros révolutionnaire, le juge Di Pietro. Avec le palais de justice de Milan en guise de Convention. Avec les chaînes de télévision comme clubs de sans-culottes.

Nul ne peut, à vue humaine, prophétiser la moindre révolution politique, mais les révolutions judiciaires demeurent, elles, possibles. Rien de plus logique dans une société qui voit s'effacer les acteurs sociaux, disparaître les conflits de classes, s'évanouir les mouvements de masse et s'effilocher les projets collectifs. Quel autre moteur existe-t-il au changement que le droit, pour anticiper des évolutions que la dynamique de la société est incapable d'impulser, la justice pour obliger au renouvellement des élites politiques et économiques, le couple juge-journaliste pour susciter, nourrir et faire vivre de rares mouvements d'intérêt collectif? Aucun pays n'est à l'abri d'une secousse comme celle que l'Italie, d'ailleurs pour son plus grand bonheur, a connue. Sans l'opération *mani pulite*, sans doute n'aurait-elle pas appartenu au premier train de l'euro. Seuls les juges pouvaient éliminer un système politique sur lequel les électeurs n'avaient plus barre et seul un pouvoir frais émoulu de cette tourmente était capable d'imposer au pays une modernisation accélérée. La révolution judiciaire en démocratie d'opinion vaut bien, à cette aune-là, la révolution politique en démocratie représentative...

Mais il existe aussi une face noire de la démocratie d'opinion, en l'occurrence la tentation populiste, et le juge y joue aussi un rôle pivot. Un mythe fondateur : le « peuple », sans que ce mot magique ait rien de commun avec le peuple des démocrates, des libéraux ou des socialistes. Il n'est pas le creuset d'un contrat social ou le fondement d'une mécanique représentative, mais un être en fusion, une idée en devenir, une matrice originelle. Les populistes parlent de lui comme autrefois les marxistes du prolétariat et les maurrassiens de la nation. Puisqu'il possède la vérité révélée, ce peuple-là n'a besoin ni de représentants, ni d'intermédiaires, ni de médiateurs. À quoi bon des parlementaires, égoïstes, fainéants, incapables et profiteurs? Les populistes ont-ils jamais parlé sur un autre ton de la représentation nationale? « Tous pourris » : tel est leur cri de ralliement. Et pour se défaire de la « racaille parlementaire », une méthode : la délation; un instrument : la pression médiatique; un recours : le juge. Il n'existe pour les populistes aucune forme de médiation possible ; ce réflexe va de pair avec leur haine proclamée de la démocratie anglo-saxonne, avec ses pouvoirs et contre-pouvoirs. Ceux-ci constituent en effet autant de freins à la toute-puissance populaire, même s'ils ont de plus en plus de difficultés à résister, outre-Atlantique, à des pulsions populistes elles aussi galopantes.

Le peuple n'a pas besoin de médiateurs : ceux-ci ne font que dévier sa volonté ou, pire, la détourner à leur seul profit. Dans cette cosmogonie, les élites — l'« établissement », suivant le mot de Jean-Marie Le Pen et de quelques autres populistes, plus présentables — n'ont qu'un destin : bouc émissaire. Profiteuses : elles gèrent la société pour leur seul avantage. Narcissiques : elles sont fermées sur elles-mêmes. Incompétentes : elles sont responsables de tout ce qui ne va pas. Sourdes : elles n'entendent pas le discours de vérité qui sort des entrailles du peuple. Isolées : elles sont coupées de la réalité, autant par leur manière de se comporter que par leurs racines aristocratiques, bourgeoises, voire « cosmopolites »... L'antiélitisme primaire constitue le meilleur marqueur du populisme, comme en d'autres temps ou sous d'autres cieux sociologiques l'anticommunisme primaire. Pour se débarrasser des élites, un seul filon : la calomnie ; un seul moyen : la justice ; une seule arme : la dénonciation.

Ainsi, sans le vouloir, le juge est au cœur de la démarche populiste : il constitue son recours ; il incarne une vertu mythique aux yeux du « peuple » ; il est l'instrument d'une vengeance immanente. Quitte, plus tard, à se retourner contre lui : c'est affaire d'opportunité... Ni les magistrats convaincus de traquer la vérité et de régénérer la démocratie, ni les journalistes, lancés dans une nouvelle quête du Graal — la pureté —, ni l'opinion naturellement dupe de ses propres excès ne sont conscients de faire, à l'occasion, le lit du populisme. Juge, médias, opinion : la tentation populiste a tout à attendre de cette triade. Culturellement anti-populistes — aucune matière ne paraît plus éloignée des émotions collectives que le droit —, foncièrement démocrates — ils se veulent garants de la perfection démocratique —, rétifs, pour la plupart, à la démagogie, les magistrats peuvent se sentir offensés d'être assimilés, de la sorte, à des soutiers du populisme. Mais l'Histoire ne cesse, suivant le mot génial de Marx, d'avoir «plus d'imagination que les hommes». Divas des médias, rentiers de la démocratie d'opinion, les juges peuvent devenir, sans le vouloir ou le penser, le bras séculier du populisme.

Dans la nouvelle hiérarchie des pouvoirs qu'établit la démocratie d'opinion, flanquée de son assesseur, la presse, la justice n'occupe plus la position d'un contre-pouvoir puissant; elle est devenue le premier des pouvoirs. Que pèse, face à elle, son seul rival, le pouvoir exécutif, puisque le législatif devient une simple chambre d'enregistrement de la jurisprudence? La légitimité a changé de camp : elle appartient davantage aux juges qu'aux politiques. La société française s'est, en effet, donné bonne conscience en faisant des hommes politiques les boucs émissaires de l'immoralité ambiante. De là cette quête incessante et justifiée des caisses noires, des pots-de-vin et de toutes les traces de la corruption politique, sans qu'apparaisse une vérité d'évidence : le monde politique n'est pas plus immoral qu'une autre corporation. Il est trop facile d'oublier qu'au moment où quelques hommes publics entachent la réputation de la classe politique, des acheteurs dans les entreprises se laissent corrompre, des abus de biens sociaux se commettent chaque jour, des « dédommagements », retraites ou primes de départ transitent par des comptes à numéro en Suisse ou des sociétés fiduciaires au Liechenstein. Il est trop rassurant d'imaginer des brebis galeuses au sein du seul troupeau politique, comme si alentour la société demeurait un parangon de vertu. Il est trop commode de parodier, sans l'assumer, le « tous pareils, tous pourris » des populistes.

Mais au-delà de l'effet d'image dont souffrent désormais les responsables publics, c'est plus profondément le métier politique qui sort bouleversé de son affrontement avec le duo juge-journaliste. Le voilà sur la défensive, suspect, acculé, désemparé, plus disposé à réagir qu'à agir, plus désireux de survivre que d'entreprendre. Qu'il est commode d'être juge ! Qu'il est difficile de porter la casaque de l'homme politique ! Le premier bénéficie du charme discret de l'anonymat, du halo de moralité qui entoure son métier, du préjugé d'ascétisme que lui valent ses modestes émoluments. Le second est sous les feux de la rampe ; il est perçu comme un obsédé du pouvoir ; il est assimilé à un prébendier, modeste ou insignifiant. Le premier ne connaît aucun frein à son action, sauf de se faire censurer de temps à autre par l'échelon supérieur de sa juridiction ; le second est à la merci, dans une société hyperémotive, du moindre mouvement d'opinion. Le premier ne rend de compte à personne, sauf à sa conscience ou, rarement, à ses pairs. Le second voit surgir, à chaque instant, de nouveaux interlocuteurs, des groupes de pression supplémentaires, des adversaires inattendus. Le premier est libre de ses mouvements, s'il s'inscrit à l'intérieur de la tradition et de la jurisprudence ; le second est emmailloté par un réseau de contraintes et de contradictions chaque jour plus nombreuses. Les textes constitutionnels n'y peuvent rien, ni les apparences hiérarchiques, ni même le sacre du suffrage universel : le juge trône désormais au-dessus de l'homme politique ; l'opinion lui confère — insupportable paradoxe — une légitimité supérieure à celle du vote populaire ; l'esprit public l'a à jamais consacré.

De là, pour cette nouvelle idole des sociétés modernes, le défi le plus difficile, dès lors qu'aucun contre-pouvoir ne s'oppose à lui, le roi des contre-pouvoirs : s'autolimiter, s'autocensurer, savoir produire du droit sans jouer au souverain. Pour l'instant, le judiciaire savoure sa revanche ; il oublie tant de décennies d'humiliation ; il se laisse porter par le respect et l'adoration. Mais demain il sera devant un dilemme cruel. Soit il trouve en lui la discipline, les ressources morales, les principes intellectuels qui lui permettent de ne pas abuser de son pouvoir, et il régnera longtemps au confluent des deux mécanismes qui régissent les sociétés modernes, le marché et l'opinion. Soit il cède à son tour au vieux principe qui veut que « tout pouvoir aille jusqu'au bout de lui-même », il se laisse griser, il se croit invulnérable, et, à son tour, il connaîtra une violente remise en cause. Sous quelle forme ? Nul aujourd'hui ne le sait, mais ce serait la « fin de l'Histoire » d'imaginer un pouvoir, à son tour abusif, hors d'atteinte. Le judiciaire n'échappera pas, dans cette hypothèse, à la loi d'airain qui condamne, tour à tour, tous les pouvoirs à la contestation et au déclin. Les arthritismes qui, aujourd'hui en France, l'accompagnent constitueront, le moment venu, de premiers prétextes.

III

UN ÉTAT DE DROIT INACHEVÉ

La justice triomphe désormais en France, mais vivons-nous dans un véritable État de droit ? Question iconoclaste pour la patrie des droits de l'homme. Comment imaginer que les héritiers de la « Grande Révolution », les enfants de la « Grande Nation » ne continuent pas d'offrir un exemple au monde entier ? Et pourtant, que d'anomalies, de retards, de procédures retorses, tous issus d'une même origine : la volonté de maintenir, au profit de l'État, des privilèges souverains et de lui éviter de devenir un justiciable comme un autre face à une justice indépendante.

L'existence d'une justice administrative autonome incarne, la première, cette pesanteur historique, mais par un étrange retournement, celle-ci s'est émancipée au point de donner des exemples d'indépendance dont la magistrature judiciaire aurait pu s'inspirer. Une plus grande familiarité du Conseil d'État avec le pouvoir exécutif, une mitoyenneté sociologique, donc une moindre crainte institutionnelle : autant de raisons qui justifiaient l'émancipation d'une juridiction dont les membres ne sont en théorie ni magistrats, ni indépendants, mais dont le comportement s'est, au fil du temps, affirmé totalement autonome.

Ce particularisme-là n'est donc pas à mettre au débit de la France, mais il en existe bien d'autres qui, eux, ne s'inscrivent pas à son crédit : le maintien de dispositifs léonins au seul profit de la puissance publique; la tradition, fût-elle désormais ébréchée, des tribunaux d'exception; les abus de la procédure inquisitoire; l'absence d'appel en cour d'assises... Certaines de ces bizarreries font l'objet de débats publics; d'autres passent inaperçues tant elles paraissent naturelles; mais trop heureux de disposer, dans l'exercice de leurs attributions, d'atouts qui dans d'autres pays auraient disparu au nom des libertés individuelles, les magistrats se gardent de les mettre en cause. Quant aux citoyens encore conditionnés par l'habitude de tout accepter de l'État, ils ne se dressent pas contre des dispositifs qui, dans des pays plus traditionnellement libéraux, seraient perçus comme des abus de pouvoir. De même acceptent-ils, sans protester, une situation d'insécurité juridique qui voit d'innombrables infractions être classées sans suite, nombre de procédures s'enliser, une multiplicité d'actes de petite délinquance demeurer impunis : les Français les plus modestes tolèrent, de la part de la justice, une nonchalance dans son fonctionnement quotidien qu'ils n'accepteraient d'aucun service public traditionnel.

*

L'État, agent économique, s'est doté de longue date d'instruments juridiques pour prélever taxes et impôts dont juges d'instruction, procureurs et policiers ne connaissent pas l'équivalent dans la gestion des procédures pénales. Et encore, l'ordonnance de 1945 sur les prix a-t-elle été abrogée en 1986, qui, au nom de la lutte contre le marché noir dans l'immédiat après-guerre, avait donné à la Direction générale de la concurrence et des prix un droit de perquisition, ainsi que d'autres modes d'intervention totalement disproportionnés par rapport à sa mission originelle. Pendant quarante ans, ses agents ont disposé, pour s'opposer à de banales ententes de prix, de moyens de pression destinés à combattre les trafiquants et les prévaricateurs à l'époque de la Libération. Le Conseil constitutionnel ne pouvant se pencher sur la constitutionnalité de lois anciennes, non soumises à sa censure, la contradiction entre ce texte et les principes généraux du droit n'a guère été relevée. On mesure là les limites qu'impose au contrôle de légalité l'absence de possibilité, pour le citoyen, d'exciper à tout moment de l'inconstitutionnalité d'une loi. Notre système se situe encore, de ce point de vue, à des années-lumière du juridisme anglo-saxon.

L'ordonnance sur les prix était la plus léonine des lois à vocation économique, mais notre arsenal fiscal et douanier ne manque pas d'étonner les étrangers. Ainsi des perquisitions fiscales et autres « droits de visite et de saisie » qui peuvent s'exercer en tout lieu susceptible d'abriter les documents visés, y compris au domicile privé des présumés fraudeurs et surtout des tiers. Ils ne peuvent certes en théorie intervenir que pour des affaires supposées importantes, doivent être autorisés par le juge et effectués en présence d'un officier de police judiciaire. Ces garanties ont semblé suffisantes à la Cour européenne des droits de l'homme qui a validé la procédure, compte tenu du « coup de tampon » que lui donne un juge. De même ne s'est-elle pas inquiétée du fait que l'ordonnance autorisant les visites domiciliaires n'est pas susceptible d'appel, mais simplement d'une cassation. Mesuré à l'aune des droits individuels tels qu'ils s'exercent aux États-Unis ou en Grande-Bretagne, un tel dispositif pourrait néanmoins caractériser un régime quasi policier.

Spécificité fiscale aussi, l'« examen de la situation fiscale personnelle » qui permet de taxer d'office un contribuable si son train de vie excède ses revenus, à l'issue d'une démarche pendant laquelle les vérifications empiètent à loisir sur la sphère privée des individus. Ainsi les vérificateurs procèdent-ils à un examen détaillé des relevés bancaires qui oblige le contribuable à justifier chaque dépense, des bijoux offerts à une maîtresse à la prise en charge de la vieille tante confié à une maison de retraite. Quant à la taxation forfaitaire selon les éléments du train de vie, elle apparaîtrait inquisitoriale si elle était moins folklorique (par exemple : 30 000 F de base par cheval de pur sang, 18 000 F par cheval autre que de pur sang et par trotteur, 9 000 F par cheval de selle, et autres calembredaines du même style).

Étrange aussi et plus ambiguë, la théorie de l'abus de droit qui autorise le fisc à « écarter tous les actes qui dissimulent la portée véritable d'un contrat ou d'une convention dans le dessein de faire échec à l'imposition ». Le Conseil d'État reconnaît, comme abus de droit, tout montage juridique dépourvu de signification économique et inspiré par le seul motif d'éluder l'impôt, avec pour conséquence une amende égale à 80 % des droits exigibles. Avec une telle arme à sa disposition, l'administration fiscale peut être tentée, à son tour, d'abuser de sa position : ainsi a-t-elle récemment voulu imposer à ce titre tous les utilisateurs des fameux «fonds turbo[1]», certes le «casse fiscal» du siècle. Il a fallu que le Conseil d'État la censure au nom du raisonnement simple qu'elle «est responsable de ce qu'elle écrit» et que si elle «s'aperçoit que ses instructions donnent lieu à des manœuvres préjudiciables aux intérêts du Trésor public, elle doit s'empresser de les abroger et non, comme elle l'a fait à propos des "fonds turbo", attendre plusieurs années pour réagir et tenter de corriger rétroactivement les conséquences de son inertie». Certes, grâce au Conseil d'État, la morale est sauve, mais il n'est pas sain en démocratie de devoir tabler sur la corde de rappel qu'offre le juge suprême, pour limiter les excès de puissance auxquels peut se livrer une administration munie de dispositifs exorbitants.

Anomalie fiscale ultime : la rétroactivité des lois. Alors qu'en matière pénale, la non-rétroactivité des textes constitue la première des libertés individuelles, la fiscalité se donne, sur ce plan-là, tous les droits. Aucun verrou juridique n'a freiné cette évolution. Le Conseil constitutionnel s'est contenté d'affirmer qu'au nom du principe de non-rétroactivité pénale, des lois fiscales rétroactives ne peuvent imposer des sanctions pour des faits antérieurs à leur promulgation... L'inverse eût été stupéfiant. Il a, autre percée conceptuelle, affirmé que l'action du législateur doit se fonder, en la matière, sur «des raisons d'intérêt général». Ainsi libéré de toute entrave, le gouvernement s'en donne, avec le soutien du Parlement, à cœur joie. Le voilà autorisé à appliquer la loi de finances à l'année en cours, de sorte qu'au moment où il accomplit un acte, le contribuable ignore

1. Les «fonds turbo» correspondent à un mécanisme qui, utilisant une faille de la législation fiscale, ont permis aux entreprises de réaliser des économies d'impôts portant globalement sur plusieurs milliards de francs.

son sort fiscal : un particulier aurait-il vendu ses actions dans les mêmes conditions s'il en en avait connu le régime fiscal ? Une société n'aurait-elle pas géré différemment ses actifs si elle avait été au courant du nouveau taux de l'impôt sur les sociétés ?

Vue de l'étranger, cette possibilité laissée au législateur surprend, tant elle semble aller à l'encontre du principe d'équité, mais celui-ci n'a pas de valeur constitutionnelle. À cette première bizarrerie s'en ajoutent bien d'autres. La possibilité, dans la loi de finances, de modifier des durées d'exonération — par exemple la réduction de vingt-cinq à quinze ans d'une exonération de taxe foncière — quitte à changer, par voie de conséquence, les paramètres sur lesquels un agent économique s'est appuyé avant de prendre une décision. La validation par la loi d'impositions irrégulières, ou le vote de lois interprétatives, destinées à éliminer a posteriori le vice des textes initiaux mais qui, là aussi, font bouger le contexte dans lequel un contribuable peut avoir agi de bonne foi. À l'égard des particuliers, de tels procédés apparaissent iniques. Vis-à-vis des entreprises, ils sont, de surcroît, contre-productifs. Dans une économie très concurrentielle, la « sécurité fiscale » est décisive aux yeux des investisseurs : pourquoi dépenser des centaines de millions d'euros dans un pays où les règles d'imposition oscillent au gré du vent politique, alors que de l'autre côté de la frontière la stabilité est garantie ?

L'inefficacité s'ajoute, en l'occurrence, à l'inéquité. Une fois de plus l'administration n'est pas, au sein de la société, un joueur comme un autre : elle bénéficie de privilèges exorbitants auxquels le Conseil constitutionnel n'ose pas s'attaquer de front. Celui-ci marque le fait que la rétroactivité ne peut s'envisager que par exception ; il s'abrite derrière l'intérêt général ; il rejette les cas où il y a « erreur manifeste d'appréciation », mais pour l'essentiel, il valide. Étrange Cour suprême qui se fâche à l'idée de la privatisation de services publics qui, partout ailleurs, sont privés, mais admet, au grand dam du principe d'équité, la rétroactivité des lois fiscales... La philosophie implicite qui accompagne une telle attitude suppose que le plaignant civil ou le contribuable n'ont pas droit aux mêmes protections que le citoyen face aux textes pénaux. En France, les droits individuels sont à géométrie variable, ce qui va de pair avec la place disproportionnée et symboliquement privilégiée réservée au pénal. Curieux état de droit où le citoyen demeure, à maints égards, un sujet.

*

C'est au nom du même primat de l'État que se perpétue, chez nous plus qu'ailleurs, la tradition des juridictions d'exception. Est-il meilleure illustration de cette habitude que le procès Fouquet vu par Paul Morand : « Devant les criantes irrégularités de la procédure, le sens de la justice s'éveilla, comme il s'éveille toujours dans les cas de juridictions d'exception, qui finissent par retourner l'opinion contre elles. Le Français, moins que tout autre peuple, accepte l'injustice ; il trouve intolérable que les plateaux de la balance soient truqués et se sent atteint quand l'équité est violée ; elle le fut au procès de Fouquet impudemment. La Chambre de Justice avait été composée avec soin ; c'est-à-dire qu'elle comptait le plus grand nombre d'ennemis personnels du Surintendant. Pour commencer par les plus tarés, un coquin vendu à Colbert et qui se fit prendre dix fois à fabriquer des papiers, retoucher des signatures, égarer exprès des pièces et faire passer toutes ses trouvailles, vraies ou fausses, sous les yeux de Colbert, fut appointé greffier de la Chambre. [...] Un faussaire perdu de réputation, devint le secrétaire de la Chambre chargé d'en conduire toutes les affaires, etc. »

La justice d'exception connut plus tard son apogée avec la loi de Prairial et l'instauration du Tribunal révolutionnaire : « Le Tribunal révolutionnaire est institué pour punir les ennemis du peuple » (art. 4) ; « La peine portée contre tous les délits dont la connaissance appartient au Tribunal révolutionnaire est la mort » (art. 7) ; « La preuve nécessaire pour condamner les ennemis du peuple est toute espèce de documents, soit matérielle, soit morale, soit écrite, qui peut naturellement obtenir l'assentiment de tout esprit juste et raisonnable » (art. 8) ; l'ensemble des vingt-deux articles étant de la même eau.

Les conseils de guerre de l'affaire Dreyfus valaient-ils beaucoup mieux ? ou la Cour suprême de Riom et le Tribunal d'État sous Vichy ? Quant à la Cour militaire de justice, instituée en 1962 au moment des exactions de l'OAS, elle disparut huit mois plus tard, lorsque le Conseil d'État annula l'ordonnance qui l'avait créée, au motif qu'elle portait atteinte aux principes généraux du droit pénal en excluant toute possibilité de recours. La Cour de sûreté de l'État qui lui succéda ne disparut qu'en 1981. Elle résumait à elle seule tous les stigmates des juridictions d'exception modernes. Une composition de la Cour sans les garanties d'usage : les trois magistrats civils siégeant auprès des deux juges militaires n'étaient nommés que pour deux ans et n'étaient donc pas protégés par l'inamovibilité. Une compétence extensible qui, au-delà des crimes et délits contre la sûreté de l'État, s'étendait à des infractions variées, voire ténues, telles la provocation ou la participation à un attroupement. Une procédure qui prenait des libertés avec les règles traditionnelles : le gouvernement était le seul maître du déclenchement de l'action publique; la garde à vue était de six jours, voire douze en cas d'urgence... Comparée au Tribunal révolutionnaire, la Cour de sûreté de l'État fleurait bon l'équanimité et le libéralisme; jaugée sous l'angle des libertés dans une démocratrie contemporaine, elle s'identifiait à un humiliant archaïsme. Les cris d'orfraie qui accompagnèrent sa disparition, à l'initiative de Robert Badinter — affaiblissement de l'État, laxisme, encouragement à la subversion, et autres fariboles — rappelaient rétrospectivement les fondements idéologiques qui avaient assuré la perpétuation des juridictions d'exception. La justice militaire de droit commun avait résisté à l'affaire Dreyfus et à Vichy. Elle ne disparut, elle aussi, qu'en 1981 avec pour conséquence l'examen des infractions commises par des militaires par les tribunaux classiques.

Même après l'œuvre de banalisation menée par Robert Badinter, c'est-à-dire l'alignement du système judiciaire sur la norme démocratique traditionnelle, quelques scories subsistent, qui témoignent du goût français pour les juridictions d'exception! Ainsi de la Cour d'assises spéciale en matière de terrorisme et plus largement de crimes contre les «intérêts fondamentaux de la nation», de crimes militaires et même de crimes de droit commun commis par des militaires dans l'exécution du service, «s'il existe un risque de divulgation d'un secret de la défense nationale». Étrange liste d'incriminations qui traduisent une nostalgie involontaire de la grande époque des conseils de guerre. Cette cour est constituée de magistrats professionnels au nom de l'intention, certes louable, de ne pas exposer des jurés populaires à d'éventuelles représailles. Mais n'aurait-il pas été possible de s'en tenir à la juridiction traditionnelle, quitte à autoriser plus facilement les jurés pressentis à se désister ? Ainsi de la possibilité, heureusement théorique, puisque applicable en temps de guerre, d'établir des tribunaux territoriaux des forces armées et des tribunaux militaires aux armées.

Autre juridiction d'exception dans un registre différent : la Cour de justice de la République, instaurée en 1993, en charge de juger les crimes et délits commis par les membres du gouvernement dans l'exercice de leurs fonctions, et dont les parlementaires représentent douze membres sur quinze. Créée dans un esprit démocratique, afin d'élargir la responsabilité des ministres, elle témoigne néanmoins de la volonté de préserver la spécificité de la fonction gouvernementale. Au nom de quoi un ministre corrupteur ou corrompu doit-il être jugé par une instance où ses pairs, membres de la classe politique, sont majoritaires ? Imagine-t-on les PDG réclamer de voir les abus de biens sociaux ou les accidents du travail jugés par des cours spécialisées ? Que des filtres protègent les membres du gouvernement d'une kyrielle de plaintes injustifiées, certes ! Qu'un « statut d'extraterritorialité » leur soit accordé à l'aube du XXIe siècle atteste la pérennité d'une vision régalienne et non fonctionnelle du pouvoir exécutif : les faux pas d'un ministre de la Santé ou des Transports sont-ils d'une nature si différente de ceux reprochés au président d'un groupe pharmaceutique ou à celui de la SNCF ? Ce régime d'exception maintenu au profit des politiques risque d'ailleurs, dans le climat actuel, de se retourner contre eux. L'incroyable arrêt de la commission d'instruction dans l'affaire du sang contaminé aurait-il été rédigé avec les mêmes arrière-pensées si l'instance de jugement n'était pas une Cour où les parlementaires seront largement majoritaires ? Face à un tel texte, comment ne pas avoir l'impression que les magistrats tombent le masque, qu'ils choisissent la conception la plus extensive de la responsabilité pénale, de manière à abaisser le pouvoir exécutif et qu'incertains sur le fonctionnement ultérieur de la Cour de justice de la République, ils essaient, aussi longtemps que la procédure demeure de leur seule compétence, de lui forcer la main ?

L'État n'accepte toujours pas l'idée d'être un justiciable comme un autre, qu'il s'agisse des atteintes à son autorité, de ses propres fautes ou des délits de ceux qui sont censés l'incarner, les ministres. Un jour viendra où, après la banalisation politiquement voulue de 1981, une autre s'imposera, suscitée, elle, par les exemples étrangers, l'air du temps et, dans une société plus internationale et plus individualiste, le désir de l'opinion de voir dans l'administration le premier des acteurs sociaux : ni plus, ni moins.

*

Ce sont évidemment les mêmes pesanteurs, la conviction de l'État et de ses grands serviteurs d'exercer un magistère hors la loi, ou en tout cas hors la loi commune, qui sont sans doute à l'origine de l'abcès si français des écoutes téléphoniques. Oublie-t-on que, jusqu'à la loi de 1991, les écoutes administratives étaient très peu encadrées ? Seule la tempérance des responsables publics constituait dans les faits une limite à leur désir d'écouter.

Un zeste de voyeurisme, un sentiment nietzschéen de supériorité, la certitude d'échapper aux règles de base de la morale, une curiosité intempestive et la France, chacun le sait, a vu ses élites politiques se livrer, avec concupiscence, à ce « sport national ». Le mitterrandisme n'a fait, sur ce terrain comme sur d'autres, que pousser jusqu'au paroxysme la conception française de l'autorité, cette manière si particulière et si peu habituelle dans les grandes démocraties de s'estimer propriétaire du pouvoir et non pas simple dépositaire et de se croire dégagé des impératifs ordinaires de l'éthique.

La justice a d'ailleurs été longtemps complice de cette aberration institutionnelle ; elle ne recourait guère aux moyens à sa disposition, en l'occurrence l'incrimination d'« atteinte à la vie privée », pour essayer de mettre un terme à une situation aussi anormale. Encore la loi de 1991, à laquelle l'usage veut de se référer comme à un monument des libertés individuelles, se garde-t-elle de mettre en cause le principe des « écoutes administratives ». Élaborée à l'origine pour répondre à une condamnation de la France par la Cour européenne des droits de l'homme, elle visait d'abord à mettre de l'ordre dans les écoutes judiciaires. Puisque le juge européen avait considéré que la jurisprudence française ne satisfaisait pas aux exigences de la Convention des droits de l'homme — voilà une version de l'exception française trop ignorée ! —, elle rationalisait le dispositif juridique, instaurant au profit des juges d'instruction une procédure précise : décision écrite et motivée, durée limitée de l'interception, nature des procès-verbaux, destruction des enregistrements, etc.

La logique aurait voulu qu'à cette occasion les écoutes demeurent l'apanage des seuls juges et que les écoutes administratives disparaissent. Bien au contraire, la loi légitime le privilège d'écouter au profit de l'État. Elle l'encadre certes, mais ce faisant, elle lui donne une base juridique. Pourquoi «la recherche de renseignements intéressant la sécurité nationale, la sauvegarde des éléments essentiels du potentiel scientifique et économique de la France, la prévention du terrorisme, de la criminalité et de la délinquance organisés et de la reconstitution ou du maintien de groupements dissous en application de la loi du 10 janvier 1936 sur les groupes de combat ou les milices privées» échappe-t-elle au «coup de tampon» d'un juge? Quant à la commission nationale de contrôle des interceptions de sécurité, créée par la loi afin de «moraliser» les écoutes administratives, elle n'a, par exemple en 1997, émis que vingt-six avis négatifs sur quatre mille six cent vingt-trois demandes de branchements ou de renouvellements et a été suivie par le gouvernement dans vingt de ces vingt-six cas. Étonnant bilan : il témoigne soit d'un comportement irréprochable de l'État, ce qui serait une révolution en cette matière, soit de la pusillanimité, voulue ou subie, de l'instance de contrôle.

Le débat sur la levée du secret défense dans le cadre de l'affaire des écoutes de l'Élysée a manifesté, jusqu'à la caricature, le particularisme français, et notre incapacité collective à le mesurer. Ainsi a-t-on disserté à satiété de l'application d'une procédure exorbitante du droit commun et donc mal définie — le secret défense — aux enregistrements téléphoniques issus d'une pratique, elle aussi exorbitante — les «écoutes administratives». Vue de loin, cette réalité-là donnait une allure byzantine et hypocrite aux échanges subtils entre le Premier ministre et la commission sur le nombre d'écoutes supposées protégées par le secret défense.

Nous vivons dans un pays où, depuis des décennies, des personnalités politiques et économiques ne parlent plus au téléphone, convaincues quelles sont d'être écoutées soit du fait d'un abus de la procédure administrative, soit de manière sauvage mais à l'initiative de responsables publics. Et personne ne s'en offusque. Ni les hypothétiques victimes, ministres, anciens ministres, opposants, directeurs des grands médias qui ne s'en formalisent guère et qui voient dans ce surcroît d'attention à leur égard une reconnaissance de leur importance. Ni les commanditaires, aussi nombreux à droite qu'à gauche, qui trouvent dans cet instrument un moyen de se prouver à eux-mêmes leur importance, bien davantage qu'une vraie source d'informations. Ragots, affabulations, mythomanie, disent, quand ils sont au pouvoir, les éventuels ordonnateurs; revenus dans l'opposition, les mêmes sont en revanche convaincus d'être écoutés. Le statut d'écouté se proclame plus facilement que celui d'écouteur... La fiction dépasse à coup sûr la réalité, mais la simple persistance, depuis des décennies, de la rumeur montre qu'« il y a quelque chose de pourri au royaume de Danemark ». Que l'État puisse se mettre hors la loi ne surprend ni n'étonne mais commence peut-être à choquer.

*

S'il était simplement écorné par quelques privilèges fiscaux, les résidus de juridictions d'exception encore en vigueur et des écoutes téléphoniques superflues, notre État de droit parviendrait à faire bonne figure. Ce sont les excès de la procédure inquisitoire qui l'atteignent au cœur. Situation paradoxale : l'ascendant de la justice doit beaucoup, nous le savons, à la gloire toute fraîche des juges d'instruction et à l'irruption dans leurs cabinets des puissants du siècle, mais la médiatisation qui accompagne et amplifie le phénomène met aussi sous les projecteurs les perversités du système. Quand la justice se voulait modeste et discrète, celles-ci passaient inaperçues ; depuis qu'elle est, de gré ou de force, en première ligne, les voilà en pleine lumière : l'opinion, pour l'instant, s'en accommode, tant est fort son désir d'égalité devant la justice ; mais une fois rassasiée, elle risque de se révolter.

Le contre-argument est bien connu : les élites se préoccupent des vices supposés de la procédure inquisitoire parce qu'elles sont désormais concernées ; aussi longtemps que les manants étaient seuls à fréquenter les prétoires, nul ne s'inquiétait des abus de la détention provisoire, de la dureté de la garde à vue ou de l'omnipotence du juge d'instruction. « Touché, votre honneur » : l'establishment politique, économique ou médiatique porte en effet un regard intéressé sur ces questions. Mieux vaut tard que jamais. Les motivations sont peut-être ambiguës ; la réalité, elle, demeure. Telle qu'elle fonctionne aujourd'hui, la procédure inquisitoire n'est plus conforme aux canons d'un État de droit moderne.

L'alternative : procédure accusatoire ou procédure inquisitoire est évidemment illusoire. On n'efface pas des siècles d'histoire. Et la césure est moins nette que ne le veut la théorie. Pour celle-ci, la démarche accusatoire se fonde sur les principes du procès civil : le juge est un particulier qui peut donc être récusé ; la victime est seule à déclencher la procédure au civil et le ministère public au pénal, le juge ne pouvant se saisir d'office ; le débat est contradictoire, public et oral ; la preuve est régie par le principe de l'intime conviction du juge. La procédure inquisitoire « pure », héritée comme son nom l'indique des tribunaux de l'Inquisition, suppose un juge fonctionnaire public, imposé aux parties, qui déclenche le procès pénal, quitte à se saisir lui-même ; les échanges sont secrets, écrits et non contradictoires, et le juge joue un rôle actif dans la recherche des preuves, avec, inquisition oblige, une prime à l'aveu.

Aujourd'hui il n'existe, à travers le monde, que des systèmes mixtes. Même aux États-Unis, terre promise à en croire les stéréotypes de la philosophie accusatoire, des emprunts ont été faits aux usages inquisitoires : c'est sur ce mode-là que fonctionne le « grand jury » et au terme du *plea bargaining* — c'est-à-dire le fait de plaider coupable en échange d'une réduction de peine —, ce qui correspond à 90 % des poursuites, la culpabilité est prononcée au prix de la disparition de toutes les garanties de la défense, lesquelles constituent pourtant l'armature du système accusatoire. Quant à l'enquête, elle fait appel, sur autorisation du juge, aux perquisitions, saisies, écoutes téléphoniques, familières à la procédure inquisitoire, agrémentées, ce qui n'est tout de même pas le cas en France, de provocations policières licites. En termes de libertés publiques, le poids laissé dans l'enquête à la police, c'est-à-dire à un service de l'exécutif, commence même à susciter une contestation aux États-Unis et en Grande-Bretagne.

Le système français est lui aussi mixte, mélangeant depuis le code d'instruction criminelle de 1808 des attributs des deux procédures. Le jugement, après un débat public, oral et contradictoire, et la règle de l'intime conviction relèvent de l'accusatoire ; l'instruction, le rôle du ministère public dans le déclenchement des poursuites, l'existence du juge d'instruction, de l'inquisitoire. Quant à la composition des tribunaux, laissée à des professionnels pour les délits, mais mêlant, pour les crimes jugés en cour d'assises, magistrats et jurés populaires, elle ne procède d'aucune philosophie « pure », inquisitoire ou accusatoire. Le renforcement au fil du temps des garanties de la défense, avec une présence de l'avocat chez le juge d'instruction d'abord, puis en deuxième partie de la garde à vue, la réglementation de cette même garde à vue, les procédures d'interjection contre les décisions de l'instruction brouillent encore plus les frontières théoriques.

Derrière l'expression rituelle de procédure inquisitoire, ce sont en réalité les mécanismes de l'instruction qui sont en cause : au premier chef la prééminence du juge d'instruction, mais aussi le culte de l'aveu, les excès de la garde à vue et surtout de la détention provisoire, et enfin la caducité, dans une société médiatisée, des principes de la présomption d'innocence et de son corollaire, l'acquittement au bénéfice du doute, qui représentaient, originellement, le contrepoint des instruments hyperpuissants mis à la disposition de la justice.

Policier-chef, lorsqu'il fait ou ordonne des actes d'investigation, accusateur ou procureur, lorsqu'il met en examen, c'est-à-dire notifie l'existence d'indices de culpabilité, magistrat en charge de la liberté individuelle, lorsqu'il place en détention provisoire ou libère, juge, donc en théorie arbitre neutre ou impartial, lorsqu'il transmet une affaire, décide de la clore par un non-lieu ou, pire, la laisse en l'état pendant des années, le juge d'instruction est le dieu vivant de la procédure inquisitoire. Il n'a certes ni le statut social, à la notoriété près que peuvent lui valoir désormais les médias, ni la rémunération, ni les perspectives d'avenir qu'appellerait, en principe, une telle position. Ce contraste saisissant entre les pouvoirs et la situation personnelle de l'individu sert d'argument à tous ceux qui voient dans la remise en cause des responsabilités du juge d'instruction les signes avant-coureurs du désir qu'auraient les élites de restaurer une justice de classe. Ils ont tort : si la position institutionnelle des magistrats instructeurs était en harmonie avec leurs pouvoirs, peut-être quelques aberrations nées de leurs frustrations auraient-elles été dans le passé évitées, comme l'affaire de Bruay-en-Artois dont le notaire sortit avec une indemnité de 6 884,13 F par jour de prison, après avoir été déshonoré, et qui vit le juge Pascal poursuivre benoîtement sa carrière jusqu'à la retraite.

Mais le problème de principe demeurerait : abstraction faite des traditions et de l'Histoire, comment justifier la confusion des pouvoirs en une seule main, au regard de l'équité, c'est-à-dire des normes juridiques de bon sens qui devraient aller de pair avec un esprit démocratique de plus en plus exigeant? Nul ne se hasarde à donner désormais une réponse de fond à cette question en forme d'évidence. La faiblesse des crédits, l'insuffisance du nombre des magistrats, l'impossibilité matérielle de diviser la fonction : autant de justifications ténues en guise d'alibis. Toute vision libérale qui rehausse le rôle de la justice au nom de l'équilibre des pouvoirs suppose qu'en son sein aussi a même théorie prévale et qu'à défaut d'instaurer des contre-pouvoirs internes, les fonctions soient au moins séparées. C'est le cas au moment du procès dont le déroulement doit beaucoup à l'approche accusatoire ; ce ne l'est pas pendant l'instruction.

Cette confusion des genres est d'autant plus contestable qu'elle s'articule autour du seul culte de l'aveu. « N'avouez jamais », le vieux refrain des inculpés de toute nature et de toute époque n'a rien perdu de sa validité. Le système anglo-saxon rémunère l'aveu : pour lui, faute avouée est à moitié pardonnée ; la mécanique française broie, en revanche, l'inculpé qui, de guerre lasse ou par naïveté, avoue. L'enchaînement est fatal qui conduit de la « manifestation de la vérité », objectif assigné au juge d'instruction, à la « liberté de la preuve » — « hors les cas où la loi en dispose autrement, les infractions peuvent être établies par tout mode de preuve » — et de la liberté de la preuve à la quête effrénée de l'aveu : celle-ci ne constitue-t-elle pas, pour le juge, le moyen le plus confortable d'atteindre la vérité ? Notre procédure ne descend pas pour rien en ligne directe de l'Inquisition et de ses instruments classiques chargés d'extorquer l'aveu libératoire, la roue, l'eau bouillante et autres tortures... C'est aussi au nom de cette tradition que le système judiciaire s'accommode, sans état d'âme, de la délation : il y voit un moyen parmi d'autres de traquer la vérité. Ainsi légitimée, la lettre anonyme de dénonciation est devenue un rite collectif, pratiqué avec une intensité particulière dans les périodes de grande tension politique ou sociale.

L'aveu demeure, dans le jargon du métier, la « reine des preuves » ; malgré les aléas de la subjectivité, il pèse bien davantage dans un procès que les indices matériels, de sulfureuses écoutes téléphoniques, fussent-elles légales ou de mystérieuses empreintes génétiques. D'où la réticence de la justice française à accepter le « droit au silence » que reconnaissent les procédures anglo-saxonnes et la Convention européenne des droits de l'homme. Le système français a été déjà censuré à ce titre : la Cour européenne a condamné la règle douanière qui permettait de poursuivre pénalement une personne pour son refus de fournir aux autorités des documents sur ses comptes à l'étranger. Comment imaginer l'acceptation d'un tel droit au silence quand l'instruction à la française n'a qu'un objectif : faire parler un inculpé et, par son aveu, le transformer en coupable ? C'est donc le juge d'instruction qui détermine la culpabilité, le tribunal n'ayant plus, en règle générale, qu'à fixer la peine. Et pour faire parler, tous les moyens sont bienvenus.

C'est au nom de cet objectif clandestin que les règles de procédure ont cherché, de tout temps, à éviter autant que possible la présence de l'avocat. Il est évident que, pris au saut du lit, rudoyé, déconcerté, un présumé coupable risque davantage de passer aux aveux s'il est seul face à la machine judiciaire que s'il reçoit l'assistance d'un conseil. Ainsi a-t-il fallu attendre, nous le savons, 1897, pour que les avocats pénètrent aux côtés de leurs clients dans les cabinets des juges d'instruction. Presque un siècle supplémentaire d'atermoiements s'est écoulé avant qu'un avocat soit autorisé à intervenir à partir de la vingtième heure de garde à vue, soit à près de la moitié de la durée maximale autorisée. Et lorsque est évoquée l'hypothèse d'un recours dès la première heure à l'avocat, les hypocrisies classiques réapparaissent ; exiguïté des locaux spécialisés, absence de crédits pour les aménager, impossibilités matérielles... Chacun sait bien qu'il s'agit seulement de profiter du choc de l'interpellation pour obtenir un aveu rapide. Dépossédé de ses affaires personnelles, y compris lacets, ceinture, lunettes, cravate et montre, en général fouillé à corps, le gardé à vue est suffisamment désemparé pour que l'officier de police judiciaire puisse escompter une reddition rapide. La présence d'un avocat amoindrirait l'efficacité du premier choc psychologique. C'est naturellement la chance d'une « capitulation » immédiate que les tenants de l'instruction classique à la française veulent préserver. Peu importe la conformité de cet acte de procédure avec les exigences naturelles de l'équité ; ils s'accrochent à ces vingt heures de pression psychologique comme si, une dernière concession étant faite à l'esprit du temps avec le recours à l'avocat dès la première heure, la machine judiciaire française allait perdre toute efficacité.

Mais l'arme la plus puissante dont dispose le juge d'instruction demeure évidemment la détention provisoire. Devenu le symbole des droits individuels, l'*habeas corpus* est, *stricto sensu,* la garantie donnée à une personne déjà emprisonnée de voir son cas examiné. Qu'à partir de cette définition limitée l'expression ait pu faire le tour du monde montre à quel point le régime de la détention provisoire est au cœur de toute philosophie judiciaire. À travers le mode d'incarcération, c'est la vision des relations entre la justice et le présumé coupable qui se dessine. Le débat sur l'*habeas corpus* bat d'ailleurs son plein aux États-Unis. Pour avoir voulu restreindre la portée du principe à l'occasion du vote de lois réprimant le terrorisme, l'administration Clinton s'est vue accusée d'intention liberticide. Et la difficulté que rencontre les prisonniers américains pour bénéficier de facon effective de l'*habeas corpus,* compte tenu de l'engorgement des cours, provoque une polémique violente comme seules les questions de liberté individuelle savent en susciter outre-Atlantique. Le régime de la détention provisoire est donc un étalon qui permet de mesurer la plus ou moins grande sévérité des systèmes judiciaires.

En théorie, la loi française paraît précautionneuse s'agissant de la détention provisoire. Limitée à des affaires d'une certaine consistance, puisque la personne mise en examen doit encourir une peine d'emprisonnement d'une durée supérieure à deux ans. Soumise à des motifs en apparence stricts : soit les nécessités de l'enquête, c'est-à-dire la préservation des preuves ou indices matériels, l'empêchement de toute pression sur les témoins et les complices, et de toute concertation entre inculpés ; soit la sûreté, en l'occurrence la protection de la personne mise en examen, sa mise à disposition de la justice ou la prévention du renouvellement de l'infraction ; soit encore le respect de l'ordre public, si elle risque d'y apporter un trouble exceptionnel et persistant. Conduite à partir d'une procédure minutieuse, avec l'intervention du procureur de la République, l'exigence d'un débat contradictoire et la possibilité d'appels grâce au référé liberté et au recours à la chambre d'accusation.

La réalité est moins triomphale que ce luxe de précautions pourrait le laisser espérer. Plus de 40 % des détenus dans les prisons françaises sont en détention provisoire ; comme un tiers d'entre eux sont déjà condamnés pour une autre affaire, quinze ou vingt mille personnes sont en fait concernées, et ce pour une durée moyenne de plus en plus longue : elle est ainsi passée de 2,3 mois en 1969 à 4,1 mois en 1995. À en croire les statistiques du Conseil de l'Europe, seules la Lettonie, la Moldavie, la Pologne et la Turquie sont plus sévères que nous...

Les autres vieilles démocraties recourent dans des proportions bien inférieures à cet instrument massue. Sur les quinze ou vingt mille inculpés en détention provisoire, combien, dans un univers régi par l'équité, devraient être en prison ? Combien sont dangereux, susceptibles de fausser l'enquête, capables de menacer l'ordre public ? Combien auraient pu relever de mesures de contrôle judiciaire : retrait du passeport, présentation quotidienne au commissariat ? Combien, mis en détention provisoire pour des délits mineurs, ressortent gangrenés par l'univers criminogène de la prison, et deviennent de vrais délinquants ?

Les autorités françaises connaissent les ambiguïtés de la procédure. Pourquoi, si tout allait pour le mieux dans le meilleur des mondes possibles, le législateur se livrerait-il à une frénésie de textes — 1984, 1985, 1987, 1989, 1993, 1996, 1998 sans doute — pour renforcer les garanties données aux justiciables ? Pourquoi deux lois, l'une votée à l'instigation d'un garde des Sceaux de gauche en 1985, Robert Badinter, et l'autre à celle de son successeur de droite, Albin Chalandon, n'ont-elles pas été appliquées, qui enlevaient l'une et l'autre le pouvoir d'incarcération au juge d'instruction pour le confier à une autre instance ? Pourquoi les dénonciations se sont-elles poursuivies afin de mettre fin au côté Janus du juge d'instruction, à la fois « Maigret et Salomon[1] », enquêteur et juge, de la commission Delmas-Marty en 1989 à la commission Truche, et ce sans le moindre effet ? La première stigmatisait « une incompatibilité des fonctions qui tient au fait que le juge, dans ses fonctions juridictionnelles, doit jouer le rôle d'un arbitre neutre, alors que la logique même des investigations lui impose de bâtir des hypothèses sur la culpabilité des uns et l'innocence des autres ». La seconde estimait, elle, que « le pou-

1. Selon un mot de Robert Badinter.

voir de mettre en détention doit être séparé de celui d'enquêter» et que ce dernier devait être confié à un organisme collégial «parce qu'il s'agit de la plus grave des mesures possibles, lourde de conséquence pour la présomption d'innocence et ce, quelle que soit l'issue de la procédure». Les projets d'Élisabeth Guigou échapperont-ils à la fatalité qui voit triompher, en la matière, le pire immobilisme ?

Au-delà de ces hoquets de mauvaise conscience, la machine judiciaire française est attachée à un usage commode de la détention provisoire, car c'est, pour elle, le meilleur instrument de pression pour obtenir l'aveu, cet aveu sacramentel qui vaut preuve et qui clôt avec majesté l'instruction. Le juge d'instruction n'est certes pas le grand inquisiteur de Philippe II, ni la détention provisoire la torture physique, même si elle s'effectue dans des établissements pénitentiaires dégradés, donc dégradants, mais, après quatre siècles de civilisation supplémentaire, la démarche demeure la même. Avec l'emballement médiatique, la pression devient irrésistible, le traumatisme psychologique irréversible et la chance d'obtenir des aveux multipliée. Les menottes, la porte du car de police qui se referme, la perspective de l'enfermement et de la promiscuité : voilà de quoi faire réfléchir un voleur de bicyclette comme un corrupteur de haut vol, un escroc de petite lignée comme un délinquant en col blanc.

Que pèse à cette aune-là la présomption d'innocence ? Elle est, en théorie, la contrepartie du système inquisitoire ; elle suppose le secret de l'instruction de manière à jeter un voile pudique sur les procédures en cours, afin de protéger l'honneur des personnes. Elle ressemble désormais au mieux à un mythe, au pire à une sinistre farce. Comme chacun le sait, les juges se montrent silencieux, les policiers discrets, les journalistes en panne d'informations, les télécopieurs ne fonctionnent pas et les dénonciations n'existent guère, mais le résultat est là : y a-t-il aujourd'hui en France une affaire susceptible d'intéresser l'opinion publique qui ait été instruite dans le respect de la lettre et de l'esprit de la loi ? Existe-t-il un cas où la présomption d'innocence a joué ? Connaît-on une situation sensible dont l'intéressé mis en examen, incarcéré ou non, sorte sans dommage, une fois son non-lieu obtenu ?

Dans ce jeu de miroirs que nous connaissons entre le juge, les médias et l'opinion, la détention provisoire tient le rôle sacrificiel. Humiliation suprême, pression ultime, dégradation sur le front des troupes, en l'occurrence l'opinion publique, elle constitue la pierre angulaire d'une justice-spectacle en train de s'imposer. Les mots ne sont jamais neutres. Ainsi du communiqué type de l'AFP : « Monsieur Dupont a été mis en examen par le juge Durand. Il a été laissé en liberté », comme si la mise en examen supposait naturellement la détention. Monsieur Dupont, aux yeux de ses voisins, devient un citoyen en transit entre la vie ordinaire et la prison : prisonnier virtuel, demi-prisonnier, proscrit social. Que pèsera, après une telle secousse, un hypothétique non-lieu qui n'intéressera plus personne ? Et que dire de ces instructions infinies, formellement toujours ouvertes et qui maintiennent pendant des années des personnes en examen, au risque, à force de voir la suspicion se prolonger, de les marquer au fer rouge ? Peut-on imaginer la détention provisoire redevenir ce qu'elle devrait être, une exception ? Mais dans cette hypothèse la procédure inquisitoire pourrait-elle se perpétuer ? C'est cette question, naturellement sans réponse, qui fonde le conservatisme, en la matière, du monde judiciaire. Sans menace quotidienne de détention provisoire, quelles chances le juge a-t-il d'obtenir un aveu et de boucler l'instruction ? La détention provisoire est, par son application et plus encore comme menace, le maillon clef de la procédure inquisitoire. La contester au nom de l'équité et des exigences contemporaines de l'État de droit, c'est en fait reconnaître que la procédure elle-même, dans son intégralité, est suspecte. De là, par ricochet, sa capacité de survie, car personne n'ose s'attaquer à un tel monument judiciaire par peur, s'il s'effondrait, du vide.

*

Maltraité par l'instruction à la française, l'État de droit de nos rêves est au moins autant écorné par le fonctionnement des cours d'assises. Ainsi la société s'est-elle accommodée jusqu'à ces dernières années d'un incroyable paradoxe : les délits jugés par un tribunal correctionnel sont susceptibles d'appel et de cassation, alors que les crimes passibles de la cour d'assises ne peuvent donner lieu qu'à une cassation, sans appel préalable, ce qui aboutit à octroyer moins de garanties aux justiciables menacés des sanctions les plus lourdes ! L'absence d'instance d'appel est naturellement contraire aux exigences de la Convention européenne des droits de l'homme et donc à l'*habeas corpus* qui, peu à peu, émerge dans les démocraties les plus avancées. À l'origine de cette absurdité, l'existence du jury populaire en cour d'assises, comme si prévalait le principe : *vox populi, vox Dei*. Étonnant résidu de la théorie française de la souveraineté ! En cour d'assises, la justice n'est pas, comme dans les autres enceintes judiciaires, prononcée au nom du peuple français ; elle l'est par le peuple lui-même, et celui-ci ne peut dépendre d'une instance d'appel, puisqu'il est le seul souverain. Face à lui, nulle hiérarchie ne tient, et la cassation ne survit que parce qu'elle ne vise que la forme et non le fond des jugements.

Pendant deux siècles, cette bizarrerie s'est perpétuée sans la moindre contestation. Trop iconoclaste l'interrogation sur une procédure pénale sans la garantie minimale de l'appel ! Trop iconoclastes les doutes sur la diversité des jugements pour un même crime, inhérente à un tel système, donc sur l'absence d'égalité des justiciables face aux peines qui leur sont imposées ! Trop iconoclaste le débat sur l'absence d'une jurisprudence claire et applicable de Dunkerque à Nice ! Trop iconoclaste la contestation d'une procédure qui, au nom de la même souveraineté populaire, n'oblige pas le jury à motiver ses décisions ! Trop iconoclaste le moindre scepticisme sur le principe même du jury populaire ! Trop iconoclaste le fait de s'interroger sur la toute-puissance des présidents d'assises dont le poids dans la procédure complète la démarche inquisitoriale de l'instruction, alors que l'existence de présidents arbitres permettrait un jeu plus égal entre les parties !

Le débat est enfin sur la place publique : il a donné lieu à un rapport parlementaire sous l'égide de Jean François Deniau en 1996 et à un projet de loi, à l'initiative de Jacques Toubon, voté en 1997 en première lecture, puis englouti par l'alternance, sans que le gouvernement de gauche se soit donné pour priorité de réformer la cour d'assises. Telle qu'elle a été entreprise, la réforme se voulait circonspecte. Ainsi le rapport Deniau balayait-il d'un revers de main l'hypothèse du remplacement des jurés populaires par des magistrats professionnels : contraire à notre histoire et aux vœux d'une opinion presque unanime dans son désir de voir maintenir en place le système traditionnel. Le projet Toubon se limitait à instaurer en première instance un tribunal d'assises, formé de trois magistrats et de cinq jurés, dont la cour d'assises dans sa composition actuelle — trois magistrats, neuf jurés — serait devenue l'instance d'appel.

De même cette réforme, malheureusement mort-née, effleurait-elle un autre tabou, issu lui aussi du principe de l'absolue souveraineté du jury : la non-motivation des décisions. Les jurés se déterminent, chacun le sait, en fonction de leur intime conviction : expression de la souveraineté populaire, ils incarnent une sagesse naturelle, dégagée de toute expérience et de toute connaissance juridiques. Parce qu'ils sont le peuple, ils savent... Sympathique tautologie qui va à l'encontre des exigences d'une société où le droit devient tout-puissant. Le magistère judiciaire ne peut rimer avec la démocratie qu'à la condition que les actes et leurs sanctions fassent l'objet d'une codification rigoureuse, fruit de la loi et de la jurisprudence. Or, pour les faits les plus graves et les punitions les plus lourdes, ce principe est banni : seule joue l'intime conviction avec son cortège d'aléas psychologiques, de sympathies, d'antipathies et de fermentation collective. Personne ne croit plus à la démocratie directe, sauf pour juger les crimes !

Les habitués des cours d'assises témoignent, tous, de la métamorphose des jurés : sans doute mécontents d'être là, ils deviennent concentrés, attentifs, responsables et, en général, se montrent à la hauteur de leur tâche. Touchés parfois par la grâce des circonstances, ils peuvent faire collectivement preuve d'une formidable intelligence stratégique, comme les jurés de Bordeaux choisissant dix ans de réclusion criminelle pour Maurice Papon, ce qui correspondait, à l'évidence, à l'attente de la société française. Mais si le fonctionnement des cours d'assises amène à survaloriser l'intime conviction et le jury populaire, c'est l'autre justice, celle des professionnels qui perd sa légitimité : à quoi bon la jurisprudence, avec ses nuances, ses codes et ses finesses ? En fait l'institution de l'appel en matière criminelle amène à faire litière, sans le dire, de l'intime conviction. Réformer un jugement en seconde instance oblige à le motiver en première instance, sous peine de laisser la conviction d'un jury tiré au sort prendre le pas sur celle d'un autre jury, lui aussi tiré au sort, sans qu'il y ait de hiérarchie entre les membres des deux juridictions autre que le hasard. Le projet Toubon tirait une conséquence logique de l'introduction de l'appel, obligeant le tribunal d'assises à motiver sa décision, de manière à préfigurer le débat en cour d'assises. Il franchissait même un pas de plus, en obligeant la cour d'assises, elle aussi, à motiver son jugement. Les textes de la réforme Guigou, aujourd'hui en cours d'élaboration, seraient en retrait sur cette approche, puisqu'ils renonceraient à la motivation des jugements, comme si, en s'accrochant à la définition traditionnelle de l'intime conviction, la gauche voulait se montrer meilleur défenseur de la souveraineté populaire telle qu'elle s'exprime à travers son bras séculier, le jury lui aussi populaire.

Dans leur majesté, les assises portent jusqu'à l'incandescence les lacunes de l'État de droit à la française : un culte exorbitant de la souveraineté, une procédure qui ne met guère l'accent sur les garanties données au justiciable, l'ascendant de l'esprit inquisitorial. Elles parachèvent un mode d'instruction déséquilibré et peu conforme aux canons de l'équité.

*

La France vit une situation paradoxale : elle est devenue une société régie par le droit, sans que l'État de droit se soit mis pour l'instant au diapason de nos nouvelles aspirations. Des dysfonctionnements, des bizarreries historiques, qui paraissaient hier acceptables au nom de la tradition, ne le sont plus dans un environnement qui voit, en matière de souveraineté, se jouer une nouvelle révolution française. La procédure criminelle, instaurée par le Consulat et l'Empire ne peut durablement coexister avec des principes de *checks and balances*, de pouvoirs et contre-pouvoirs en complète rupture, dans les autres champs de la société, avec l'héritage de 1789. Les scories devront d'autant plus rapidement disparaître qu'elles correspondent, en général, à une insuffisance de nos libertés individuelles alors que l'esprit contemporain est, de ce point de vue, de plus en plus exigeant. Quels seront les moteurs de cette adaptation accélérée ? L'opinion ? Elle est déjà à l'œuvre. Les politiques ? C'est elle qui les met en mouvement. Les magistrats ? Ils devraient être les premiers militants d'une extension des libertés, mais leur esprit est souvent prisonnier d'un autre objectif, l'affermissement de leur propre pouvoir. Telle est la rançon de la « drôle d'histoire » qu'ils ont connue.

IV

UNE « DRÔLE D'HISTOIRE »

Pour Clemenceau, il n'existait pas de magistrat indépendant, sauf « peut-être le premier président de la Cour de cassation, s'il était déjà grand croix de la Légion d'honneur ». Mais, pour les révolutionnaires de 1789 dont il se prétendait l'héritier, la révolution passait en priorité par l'abaissement du pouvoir judiciaire et la destruction des Parlements. Et pour ses successeurs, militants de gauche et résistants, la justice prit, sous le régime de Vichy, les traits des Sections spéciales, avant qu'ils ne voient les mêmes magistrats, qui avaient tous, sauf l'un d'entre eux, prêté serment au maréchal Pétain, présider les cours de justice de la Libération. Aucun corps de l'État n'a connu de tels revirements, passant de l'arrogance à la soumission et vice versa ; aucun n'a vécu une relation aussi malsaine avec le pouvoir politique : duplice et hypocrite, craintif et pervers, violent et méprisant, celui-ci n'a jamais su s'adresser sur un mode normal aux magistrats.

Eux, en réponse, ont manœuvré comme des navigateurs : soumis à des vents contraires, ils les ont épousés ; poussés, au XVIIIe siècle, par l'opinion publique, alors naissante, ils se sont laissé emporter par l'ambition. Est-ce un deuxième « XVIIIe siècle » qui s'annonce ? Derrière l'aspiration mythique à l'indépendance, une nouvelle fronde des magistrats se prépare-t-elle ? La victoire du droit et le triomphe du juge ne sont pas purement conceptuels ; ils s'incarnent dans une corporation, la magistrature, façonnée plus que d'autres — car plus isolée du reste de la société — par sa mémoire, son histoire, ses grandeurs et ses petitesses. Aux héritiers de quelle tradition nos sociétés confient-elles leur avenir, en faisant du judiciaire le premier des pouvoirs ? C'est une « drôle d'histoire » que celle des magistrats : elle ne connaît guère la tempérance et la sérénité que l'on escompte en théorie du comportement judiciaire. Elle se noue en cinq actes. Quatre sont joués : le péché d'orgueil, la table rase, la soumission, l'humiliation absolue. Le cinquième est en cours : s'intitulera-t-il le sens de la mesure ou l'ubris ?

*

Au commencement était le chêne… « Maintes fois il advint qu'en été le roi allât s'asseoir au bois de Vincennes après la messe, et il s'adossait au chêne et nous faisait asseoir autour de lui et tous ceux qui avaient une affaire venaient lui parler, sans être empêchés par l'huissier ou autres. Alors il leur demandait de sa bouche : Y a-t-il ici quelqu'un qui ait un litige ? et se levaient ceux qui en avaient[1]… ». Le roi est « source de toute justice et fontaine de justice ». C'est en s'élevant contre ce commandement quasi divin que les Parlements commirent leur péché d'orgueil. Puisqu'ils avaient été capables de

1. Joinville, *Histoire de Saint Louis.*

s'opposer à un principe sacramentel, ils pourraient le faire vis-à-vis d'un autre, la souveraineté populaire : c'est contre ce risque que la Révolution voulut se prémunir en les abattant.

Alors que la Révolution anglaise se jouait au XVIIe siècle au nom des droits du Parlement, la Fronde incarnait, au même moment, la tentation du gouvernement des juges. Étrange chassé-croisé : le monde des *checks and balances*, des pouvoirs et contre-pouvoirs, n'a jamais connu le gouvernement des juges, alors que la France centralisée et absolutiste a été sur le point d'y céder. Lorsqu'à la mort de Louis XIII, Anne d'Autriche demande au Parlement de l'aider à se débarrasser du Conseil de régence, dont l'a flanquée son époux, le Parlement se prête volontiers à la manœuvre, quitte à en empocher le prix institutionnel : ainsi s'érige-t-il, à côté de la puissance royale, en « puissance seconde », forte du droit de refuser l'enregistrement des ordonnances et d'adresser au souverain des remontrances. Il va même plus loin, en 1648, en essayant de forcer le destin : au roi le pouvoir de proposition ; aux cours souveraines, celui de la décision ! Certes la victoire resta, après cinq ans de conflits, aux forces royales et Louis XIV n'eut de cesse de se venger : « L'élévation trop grande des Parlements avait été dangereuse à tout le royaume durant ma minorité. Il fallait les abaisser, moins pour le mal qu'ils avaient fait que pour celui qu'ils pourraient faire à l'avenir. » Ce devait être chose faite en plusieurs mouvements.

L'instruction de Colbert de 1663 pour les « maîtres des requêtes, commissaires départis dans les provinces » établit le principe d'une « justice retenue » avec des intendants qui pouvaient, à l'occasion, cumuler leurs fonctions avec celles de premier président des Parlements locaux. La déclaration royale de 1665 établit le principe du « lit de justice, roi non présent » de manière à humilier les magistrats ; celle de 1673 supprima les remontrances préalables à l'enregistrement des ordonnances, et pendant quarante-deux ans les Parlements se gardèrent même de pratiquer des remontrances postérieures audit enregistrement.

Mais les institutions ont la mémoire longue ; bafouées, elles savent savourer leur vengeance. Louis XIV avait émasculé le pouvoir judiciaire : il n'avait pu l'éliminer. Celui-ci ne tarda pas à se venger, dès la mort du roi, cassant son testament, le déclarant contraire aux lois fondamentales du royaume, et marquant l'impossibilité pour un souverain d'empiéter sur la souveraineté de son successeur mineur. Principal bénéficiaire de l'opération, le Régent dut en payer le prix par le rétablissement d'un vrai droit de remontrance, antérieur et non plus postérieur à l'enregistrement des édits. Ainsi, en se dotant d'un corps de doctrine avec les « lois fondamentales du royaume », dont il était le seul juge et qu'il pouvait faire évoluer à sa guise, le Parlement a inventé la philosophie jurisprudentielle des Cours suprêmes : étrange réminiscence qui voit, près de trois siècles plus tard, le Conseil constitutionnel censurer le législateur, au nom des « lois fondamentales de la République ».

Tout est en place, dès lors, pour une deuxième Fronde. Elle trouva son point d'orgue en 1756, lorsque le Parlement de Paris s'arrogea l'autorité sur les Parlements de province : « Ajoutons que les autres Parlements participent évidemment aux mêmes devoirs, car tous les membres ne forment qu'un seul Parlement, n'étant que des démembrements que l'on a faits depuis trois à quatre siècles de ce Parlement unique et universel ! » Il reste, dès lors, à défier l'autorité royale. Ce sera chose faite avec la dissolution, en 1762, de la Compagnie de Jésus, au grand dam du roi qui, « s'il n'aimait point cordialement les jésuites, ne les renverra que contre son gré », et surtout avec l'affaire du Parlement de Rennes : sa démission collective en 1765, puis le procès du duc d'Aiguillon, commandant en chef de la province, devant le Parlement de Paris, que le roi cassa avec ostentation.

Après de telles escarmouches, l'épreuve de force était inscrite dans les astres. Pour Louis XV, il s'agissait de transmettre à son successeur, une « autorité intacte », un « État avec la même constitution qu'il avait lorsque je l'ai reçu » et d'ailleurs le chef d'orchestre de l'opération, Maupeou, dit crûment la chose aux parlementaires : « Remontez à l'institution des Parlements ; suivez-les dans leurs progrès ; vous verrez qu'ils ne tiennent que des rois leur existence et leur pouvoir. » À eux d'appliquer les lois : « Là finit votre ministère. » Aux coups de boutoir royaux — suppression de la vénalité des offices, gratuité de la justice, règlement de discipline parlementaire —, les Parlements répondirent en suspendant l'exercice de la justice. Sommés de reprendre leurs travaux, les parlementaires qui s'y refusèrent furent exilés, l'organisation de l'institution modifiée, son ressort territorial redécoupé, un nouveau Parlement mis en place.

À la différence de la longue patience qu'il a fallu aux parlementaires pour se venger de Louis XIV, l'occasion fut plus immédiate avec la mort, en 1774, de son successeur. Louis XVI capitula immédiatement au grand dam de Maupeou : « J'avais fait gagner au roi un procès qui dure depuis trois cents ans. Il veut le reperdre. Il en est le maître. » L'ordre antérieur fut rétabli, le redécoupage annulé. Rendus encore plus arrogants par ce triomphe facile, n'ayant rien oublié, ni rien compris, les Parlements entrèrent en rébellion, au point que même le faible Louis XVI tenta à nouveau, en 1788, l'affrontement. Mais comme il se montrait incapable de le mener à bien, Lamoignon, le chancelier en charge de la réforme, démissionna le 23 septembre après avoir prophétisé : « Les privilégiés ont osé résister au roi, avant deux ans il n'y aura plus ni Parlements, ni noblesse, ni clergé ! »

La justice d'aujourd'hui porte-t-elle, consciemment ou non, la mémoire de ces événements ? Entre les Parlements de l'époque et les magistrats rois de la démocratie d'opinion, le parallèle a-t-il un sens ? Ces derniers s'offusqueront d'un tel rapprochement, mais ils peuvent, s'ils sont sincères, méditer les leçons à tirer de l'épisode. L'ubris naît de la tentation, pour les juges, d'aller jusqu'au bout d'une puissance qu'ils croient extensible à volonté. Le péché d'orgueil se manifeste dans leur volonté de se placer plus haut dans la hiérarchie des pouvoirs que leur légitimité ne les y autorise. L'erreur politique consiste à croire que, rétive face à l'exécutif, l'opinion leur est acquise, pour cette simple raison, « à la vie, à la mort ». Le gouvernement des juges devient une revendication, si elle est trop affirmée, qui frôle le coup d'État légal. Enfin, leçon des leçons, l'arrogance finit toujours par se heurter aux réactions spontanées de la société civile.

*

Deuxième acte, la table rase. Les Parlements avaient joué ; ils avaient gagné contre le roi, mais ils allaient perdre avec lui. La Révolution n'avait aucune intention de se faire, à son tour, prendre au jeu d'une nouvelle Fronde. Le premier rapport sur l' « organisation du pouvoir judiciaire », soumis dès août 1789 à l'Assemblée, est sans détour : « Il est indispensable qu'une révolution absolue s'opère dans le système de nos tribunaux. » Dès l'automne, des décisions d'urgence marquent la direction : abolissement des excès de la procédure inquisitoire ; publicité du procès criminel ; reconnaissance du rôle fondamental de l'avocat. Mais il ne s'agissait, à ce stade, que de soumettre la procédure criminelle à quelques règles inspirées par la Déclaration des droits de l'homme. La destruction de l'ordre ancien suivit de peu ; le 3 novembre, convaincue de l'extrémité du péril parlementaire et sans même que son ordre du jour n'appelât le sujet, l'Assemblée décide « la mise en vacance des Parlements pour une durée illimitée », avec cette oraison funèbre : « Nous les avons enterrés tout vivants », de Lameth et un jugement de Mirabeau sur les parlementaires, ces « Pygmées à l'orgueil féodal et à la vanité nobiliaire ».

Quant aux principes du système à reconstruire, ils étaient limpides puisqu'il suffisait d'en faire les symétriques de ceux qui étaient en vigueur avant 1789 ! Une idée fondatrice : la primauté de la loi, avec pour corollaire le jugement transformé en « acte matériel d'application de la loi ». Une obsession : la domination du politique et donc l'ascendant de l'Assemblée. Une garantie : le cantonnement, à son seul métier, de la fonction judiciaire. Afin d'éviter aux juges de s'égarer, les hommes politiques n'hésitaient pas à marteler le message : « La loi, c'est votre souveraine » (Bailly) ; « Vous n'êtes que les organes impassibles de la loi » (Merlin de Douai) ; « Vous devez une religieuse fidélité à la loi, compagne inséparable de la liberté » (Duport)... En fait, même si les constituants ne répugnent pas à employer le mot rituel de pouvoir judiciaire, ils l'organisent comme une simple fonction, vouée à une tâche mécanique : le texte de loi est la base du raisonnement juridique, le fait vient par surcroît et la conclusion judiciaire s'impose d'elle-même.

Tout est construit pour fermer l'espace à la jurisprudence, cette élaboration intellectuelle sur laquelle s'appuient les juges afin d'étendre leur empire. En cas de difficulté, ils n'ont qu'à s'adresser à l'Assemblée : « Ils ne pourront point faire de règlements, mais ils s'adresseront au corps législatif toutes les fois qu'ils croiront nécessaire, soit d'interpréter une loi, soit d'en faire une nouvelle » (loi des 16 et 24 août). Certes, afin d'éviter une kyrielle d'appels au législateur, l'Assemblée établit un tribunal de cassation appelé à sanctionner « toute fausse application de la loi », mais après deux cassations successives, celui-ci est tenu d'en référer au corps législatif — puisque la preuve a été apportée que la loi est obscure. Établi de manière aussi tranché, le primat de la loi survécut aux aléas politiques. Il fallut attendre presque deux siècles, avec l'irruption de ce météore institutionnel que représente le Conseil constitutionnel, l'émancipation de la société, l'émergence de l'Europe, pour qu'une révolution silencieuse abatte le principe cardinal établi par la première révolution, celle de 1789.

Mais autant ils étaient fermes sur la toute-puissance de la loi, autant les révolutionnaires et même leurs successeurs étaient incertains sur les modes d'organisation de la justice et donc sur la place dévolue à ces suspects politiques, les juges. Ce fut par une faible majorité que l'Assemblée décida le 5 mai 1790 du principe de leur élection. De même fut-elle très divisée sur le mécanisme, après l'élection, de la nomination par le roi. Ainsi décréta-t-elle, suivant une étrange formule, « à une majorité peu considérable mais très déterminée » que « le roi n'aura pas le pouvoir de refuser son consentement à l'admission d'un juge élu par le peuple ». C'est en revanche à l'unanimité que l'Assemblée décida de la nomination par le roi, et à vie, des officiers du ministère public. Quelle meilleure illustration pouvait-il y avoir de la césure, dans l'imaginaire public, entre le statut des juges du siège et celui des membres du parquet !

Un autre débat intervint immédiatement, qui témoigna une fois de plus de la méfiance des hommes politiques à l'égard des juges, toujours perçus comme les héritiers lointains des parlementaires : la durée de leur mandat. Un compromis s'imposa entre l'inamovibilité, source de dangers évidents aux yeux des révolutionnaires, et une « justice volante », avec une rotation tous les deux ans : ce fut six ans avec possibilité de réélection.

En fait, l'élection ne pouvait pas trouver ses racines dans la philosophie politique dominante. Soit les institutions comportaient, comme aux États-Unis, un vrai pouvoir judiciaire, et l'élection en était le corollaire. Soit la fonction judiciaire était solidement cantonnée, et l'élection résultait d'un concours de circonstances, en l'occurrence la méfiance à l'égard du roi et de sa cour. Elle n'avait, dès lors, aucune chance de s'ancrer dans notre inconscient collectif. Les à-coups judiciaires de la période, la série ininterrompue d'épurations et de nominations de complaisance pendant les quatre ans du Directoire, l'affaissement du mythe du suffrage universel : autant de raisons qui, au moment de l'élaboration de la Constitution de l'an VIII, pèseront dans le débat. L'élection disparaît alors au profit de la nomination.

En deux articles, la Constitution fixe le cadre d'un statut de la magistrature qui s'est perpétué jusqu'à aujourd'hui : « Le Premier Consul nomme tous les juges criminels et civils autres que les juges de paix et les juges de cassation, sans pouvoir les révoquer » ; « Les juges conservent leurs fonctions toute leur vie, à moins qu'ils ne soient condamnés pour forfaiture ou qu'ils ne soient pas maintenus sur les listes d'éligibles. » Ainsi l'inamovibilité devient-elle la contrepartie de la nomination. Parallèlement, l'exécutif conserve le droit que le Directoire s'était déjà arrogé de disposer de la carrière des magistrats du parquet : voilà des agents sûrs, à sa merci, dont la monarchie n'avait pas connu l'équivalent et qui lui avaient bien fait défaut.

Un cycle se boucle : par peur de reconstituer les Parlements, les révolutionnaires de 1789 n'avaient pas voulu d'une magistrature corporatiste et ils s'en étaient remis à l'élection pour les protéger de ce risque ; l'élection rejetée par la culture institutionnelle française, Bonaparte en tire les conséquences, met en place une nouvelle magistrature, mais la verrouille, au départ, par le principe de la nomination, tout en se dotant avec les procureurs de fonctionnaires d'exécution. Au nom du grand principe de fusion de toutes les familles d'esprit sous son égide, il fabrique un corps judiciaire éclectique où les régicides côtoient les anciens royalistes, les magistrats de la période conventionnelle les thermidoriens, les enfants de la Montagne les rejetons de grandes lignées parlementaires. Le même melting-pot fonctionne au Conseil d'État, avec en prime la nomination de savants et d'administrateurs. Une magistrature de bric et de broc ne peut naturellement pas s'établir sur la seule compétence judiciaire. Il lui faut donc un point fixe : ce sera le respect de l'ordre établi.

Encore l'Empereur trouve-t-il cette magistrature trop indocile et il inaugure une tradition, en recourant à des vagues d'épuration qui contribueront à assurer la servilité de l'institution. En 1808, soixante-huit magistrats sont révoqués et quatre-vingt-quatorze sommés de démissionner ; deux ans plus tard, la méthode se fait moins fruste ; elle passe par le redécoupage de la carte judiciaire. Une fois les sceptiques et les tièdes éliminés, la magistrature de 1814 devrait être, en principe, viscéralement bonapartiste ; elle salue néanmoins dans l'enthousiasme et comme une délivrance le retour des Bourbons, faisant preuve de la sorte d'un opportunisme qui apparaîtra longtemps comme sa « marque de fabrique ».

La première Restauration récompense cet enthousiasme par le renforcement de l'inamovibilité : « Les juges, nommés par le roi, sont inamovibles. » Mais les magistrats s'étant ralliés à nouveau à l'Empereur pendant les Cent-Jours, la seconde Restauration se montre moins amène, épurant le corps dans des proportions qui faisaient par comparaison de Napoléon un souverain tolérant et libéral. Brusque et lente, rapide pour éliminer mais pesante pour remplacer, cette épuration est allée au-delà d'un renouvellement de personnel : elle s'est accompagnée de l'exigence d'un serment prêté au roi et à la Charte et surtout de la limitation de l'inamovibilité à la durée du règne. Ainsi est établi le principe étrange suivant lequel l'inamovibilité lie un régime, mais non ses successeurs. À peine archivés quelques compliments de haute volée adressés avant 1830 à Charles X — « les désastres de Charles Quint sont réparés par le triomphe de Charles X » ; « Sire, comme le canon portait au loin le bruit de vos succès en Afrique, les voûtes du vieux palais de Saint Louis ont tressailli sur nos têtes » et autres flagorneries de la même encre —, les magistrats se rallient à Louis-Philippe, tout en se préparant, comme l'exige désormais la pratique, à une nouvelle épuration. La presse se hâte d'ailleurs de la réclamer. Celle-ci demeure néanmoins modérée : la prestation de serment au nouveau roi sert de prétexte pour conduire les plus irréductibles à la démission ; quelques licenciements pour incapacité professionnelle complètent les listes ; d'habiles disgrâces, et le tour est joué, voilà à nouveau la magistrature en phase avec le régime du moment.

Le deuxième acte de cette « drôle d'histoire » permet d'établir les principes de la magistrature à la française : à côté de magistrats du parquet, simples fonctionnaires aux ordres du pouvoir, l'inamovibilité n'assure pas aux magistrats du siège un véritable statut. Professionnellement tenus en laisse par les textes législatifs, ils sont, de surcroît, disciplinairement soumis au pouvoir exécutif : il lui suffit de menacer, de promouvoir, d'épurer pour transformer le mythe de l'indépendance judiciaire en simple illusion.

*

Avec la IIe République, s'ouvre un troisième épisode dont la magistrature sort encore plus humiliée. Les Trois Glorieuses l'avaient surprise mais elles ne l'avaient pas suffisamment ébranlée pour l'empêcher d'aller clamer sa fidélité à Louis-Philippe ; les journées de Février vont davantage l'atteindre. Certes dès le 25 février, la Cour de cassation s'empresse de marquer son adhésion au nouveau régime, même si elle sait, comme le veut désormais l'usage, l'épuration inévitable. La docilité est garantie : nombre de juges devancent la révocation en présentant leur démission; déjà épurés dans le passé, déplacés, mutés, ils connaissent les mœurs et savent que leur bonne volonté pour se démettre pourra peut-être, un jour, être mise à leur crédit, une fois l'ordre rétabli, et faciliter de la sorte leur retour en grâce.

La République frappe naturellement sans attendre les «juges impurs», afin de les remplacer par des amis «purs». Elle va même plus loin, plaçant la justice sous la surveillance des commissaires du gouvernement, c'est-à-dire de ses représentants en mission. Comme si une telle dépendance hiérarchique ne suffisait pas à le rassurer, le Gouvernement provisoire décrète le 17 avril que le principe d'inamovibilité est incompatible avec le régime républicain et qu'il a donc disparu, en même temps que la Charte de 1830. Mais trop précipitées, les épurations finissent par se neutraliser les unes les autres. Premier ministre de la Justice du régime républicain, Adolphe Crémieux a chassé nombre de magistrats, conservateurs par définition, puisque serviteurs du régime défunt, pour y placer maints bonapartistes, transformés en républicains, qui deviendront les conservateurs de demain et que la IIIe République renverra à son tour en 1870-1871 et en 1883.

Avec le 2 décembre 1851, la justice française connaît une humiliation supplémentaire. Elle avait traversé le Premier Empire, les deux Restaurations, la monarchie de Juillet, la IIe République, préservant au prix de sa servilité son autonomie par rapport aux autres fonctionnaires d'autorité, en particulier les préfets. À défaut d'être un véritable pouvoir, le judiciaire pouvait prétendre au statut d'administration autonome. Avec les commissions mixtes instaurées par le prince-président en 1852, le tabou est brisé. Elles réunissent en effet le préfet, le procureur général et le commandant militaire de la place, et prononcent des condamnations, suivant une procédure secrète, en l'absence des prévenus et pour des infractions inconnues du droit criminel et au mépris naturellement du principe de non-rétroactivité des lois pénales ! Même si les magistrats du siège ne participent pas à ces juridictions d'exception, la simple présence des membres du parquet suffit à faire peser sur la mémoire judiciaire le souvenir de ce scandale.

En revanche, sans doute convaincu de l'absolue docilité des juges, Napoléon III se limite à une très modeste épuration. La réputation de la magistrature finit, d'une certaine façon, par protéger ses membres : leur servilité est gage de longévité. C'est le message de Victor Hugo : « Magistrature, je brise la Constitution... je bannis qui me plaît... je viole tout ce qu'on est convenu d'appeler droit... Nous ferons semblant de ne pas voir, disent les magistrats. Vous êtes des insolents, réplique l'homme providentiel. Détourner les yeux, c'est m'outrager. J'entends que vous m'aidiez... vous les jugerez et vous les condamnerez. Les juges inamovibles baisent la botte... » Une fois le régime en place, l'empereur ne peut que se féliciter de sa magistrature, au point d'accroître son poids dans les procédures d'assises, aux dépens des jurés populaires. Celle-ci ne lui fait jamais défaut, réprimant la presse quand il le veut, les atteintes à la morale publique quand le climat politique l'exige, les délits sociaux si les tensions deviennent trop vives. Le neveu est, au fond, mieux servi par ses magistrats que l'oncle : Napoléon III était-il plus habile ou un demi-siècle d'épurations, de remises au pas avait-il suffi à faire du corps judiciaire une armée fidèle et disciplinée ?

Au jeu des humiliations, la République ne se montre pas meilleure fille à l'égard des magistrats que les régimes autoritaires : au nom de la liberté, elle épure encore plus durement. Ainsi la IIIe République, si paisible et douce, traite-t-elle la magistrature avec une violence dont elle n'aurait jamais osé faire preuve à l'égard de l'administration préfectorale ou de l'armée. Fidèles héritiers de 1789, les républicains sont très hostiles aux juges, mais au lieu de craindre, comme leurs prédécesseurs, la résurgence d'un pouvoir judiciaire trop puissant, ils se méfient d'un corps veule et compromis, donc faible : ce n'est pas le péché d'orgueil des Parlements de l'Ancien Régime qui les inquiète ; le souvenir des commissions mixtes alimente davantage la suspicion et le mépris. S'y ajoutent aussi la réminiscence de provocations antirépublicaines et le soupçon d'un irréductible conservatisme. Ainsi, depuis l'Élysée, Jules Grévy n'hésite-t-il pas à comparer la magistrature à un « tonneau de vinaigre qui restait imperturbablement vinaigre, malgré le bon vin qu'il s'obstinait à y verser ». Il ne faisait que réaffirmer une hostilité que, président de la Chambre, il avait manifestée encore plus crûment. « Je ne connais qu'une réforme à réaliser dans la magistrature, c'est sa suppression. » Il exprimait de la sorte une opinion générale qui voyait dans les magistrats des suppôts de la réaction, désireux de restaurer à leur profit un troisième pouvoir. De là un débat intense sur le principe de l'indépendance et de l'inamovibilité ; il se conclut dès 1873 par l'intention de maintenir l'un et l'autre, mais au profit d'une magistrature « purifiée ».

Après une décennie de palabres, la République finit

par avoir la main plus lourde que la Monarchie ou l'Empire. Elle se « fait les dents », en 1879, avec la réforme du Conseil d'État et une première purge du parquet. Dans le premier cas, la méthode est des plus classiques : un mélange de nominations nouvelles et de mises à la retraite. Dans le second, elle est encore plus expéditive : tous ceux qui apparaissent « mac-mahoniens[1] », « cléricaux » ou simplement « réticents » sont révoqués. La réforme de la magistrature du siège apparaît, par comparaison, laborieuse. L'idée de l'élection des juges refait surface : adoptée en 1882 par la seule Chambre des députés, elle s'efface progressivement au point de ne survivre que dans le programme du parti radical. C'est, de guerre lasse, une démarche plus traditionnelle qui l'emporte : une redéfinition du nombre de postes par tribunaux d'instance et cours d'appel, calibrée au plus près pour en supprimer autant qu'il existe, aux yeux du pouvoir, de magistrats indésirables. Six cent quatorze postes sont de la sorte rayés, mais de pressions en incitations, trois cents magistrats supplémentaires présentent leur démission. Avec près de mille évincés, la République n'est pas bonne fille : bonapartistes, royalistes, conservateurs sont ainsi éliminés.

Mais, au-delà de l'épuration, les textes de 1883 dessinent une justice qui s'est perpétuée jusqu'à aujourd'hui. Revanchard, le législateur de 1883 est aussi rationalisateur. Le silence des lois constitutionnelles de 1875 sur l'organisation de la justice, et donc l'absence de référence à l'idée d'un pouvoir judiciaire, va permettre une

1. Président de la République depuis 1873, Mac-Mahon avait contraint en 1873 le ministère de Jules Simon à la démission puis dissous la Chambre. La victoire des républicains aux élections qui suivirent l'amena à démissionner le 30 janvier 1879.

réorganisation du système à la main du pouvoir exécutif. Une nouvelle classification des tribunaux, une revalorisation de la rémunération des magistrats, de manière à mettre fin à la discrimination sociale qu'induisait la modicité des traitements, l'élaboration d'un régime disciplinaire nouveau sous l'égide d'un Conseil supérieur de la magistrature, et en dernier lieu de la Cour de cassation, ce qui marquait la nature corporatiste du contrôle, la loyauté à la République — « Toute manifestation ou démonstration d'hostilité au principe ou à la forme du gouvernement de la République est interdit aux magistrats » — : autant d'étapes décisives dans l'instauration de la magistrature telle qu'elle existe aujourd'hui.

En revanche, les longues tractations sur le mode de recrutement des magistrats — concours ou simple nomination — manifestent l'ambivalence des sentiments à l'égard des juges. S'il satisfait l'égalitarisme républicain, le concours réduit évidemment le libre arbitre du pouvoir exécutif. Ce n'est qu'en 1906, avec le décret Sarrien, qu'est établi le principe du concours comme principale voie d'accès à la magistrature, quitte à laisser une petite marge de jeu au ministre dans l'élaboration du tableau d'avancement. Fondant la légitimité du magistrat non plus sur la notabilité mais sur le mérite et renforçant le lien entre recrutement et avancement, le texte octroie, dans les faits, une relative indépendance à la justice, sous couvert d'une gestion corporatiste des hommes. C'était d'ailleurs la crainte de tous ceux qui, radicaux en tête, ont été échaudés par les ambiguïtés de la Cour de cassation pendant l'affaire Dreyfus et qui pariaient qu'indépendance rimerait avec conservatisme. Dès 1908, un nouveau décret répond à leurs inquiétudes en rétablissant une grande partie des prérogatives du garde des Sceaux aux dépens d'une démarche purement méritocratique ; le concours est remplacé par un simple examen professionnel auquel peuvent se présenter toutes les personnes ayant un minimum de pratique juridique ainsi que le personnel préfectoral et les juges de paix. Ce n'est en fait qu'avec l'avènement de la Vᵉ République que le concours retrouvera ses lettres de noblesse.

La IIIᵉ République s'est, en définitive, montré encore plus méfiante à l'égard de la justice que les Monarchies de la Restauration et de Juillet. Après avoir épuré en masse, elle a dessiné un système hybride, offrant aux magistrats un minimum d'indépendance mais les tenant avec une laisse courte, démocratisant la corporation mais lui refusant le droit de s'autogérer, exigeant d'elle une double soumission, d'une part à la loi, expression de la souveraineté populaire, et d'autre part au pouvoir exécutif. Jamais les magistrats n'auraient, dans ces conditions, osé imaginer pendant cette période qu'ils exerçaient un pouvoir et pouvaient donc s'émanciper de la tutelle des deux autres, exécutif et législatif.

*

Ce n'est donc pas une justice sûre d'elle-même qui se trouve confrontée au régime de Vichy. S'est-elle, pendant ces quatre années, comportée plus mal que les autres corps de l'État ? Nul ne peut l'affirmer, mais le simple fait de comparer l'attitude d'une magistrature qui aspire à exercer un pouvoir à celle des fonctionnaires d'exécution montre a contrario que ses ambitions excèdent de beaucoup ses qualités et ses traditions. Le gouvernement de Vichy supprime évidemment, dès son avènement, les garanties que représentent le tableau d'avancement et l'inamovibilité, ouvre des voies nouvelles d'intégration, réduit le pouvoir des chefs de cour, se réserve la nomination dans les juridictions d'exception et naturellement épure. Mais bizarrement il se contente d'un nombre limité de révocations : moins de trois cents magistrats sont visés, dont une centaine au titre des lois antisémites et de celles relatives aux francs-maçons ; sur les cinquante chefs de cour en métropole, seul un premier président de cour d'appel et deux procureurs généraux, dont celui de la Cour de cassation, sont démis.

C'est donc la magistrature de la IIIe République qui se met au service de Vichy. C'est en son sein que le régime du maréchal Pétain trouve sans difficulté des magistrats pour peupler les juridictions d'exception, en l'occurrence la Cour suprême de Riom, la Cour martiale de Gannat, les Sections spéciales et le Tribunal d'État. Ce sont des magistrats pour la plupart proches du personnel politique de la IIIe République qui appliquent, sans barguigner, les statuts successifs des juifs, des lois pénales rétroactives, des textes contraires à tous les principes qui avaient, jusque-là, gouverné leur carrière. Qui est juif ? À qui la charge de la preuve ? Belle question de doctrine : les tribunaux établissent leur jurisprudence, les cours d'appel confirment ou réforment, la Cour de cassation se penche en dernier ressort avec componction sur cette intéressante question. Avec autant de soin que le Conseil d'État sur les contentieux liés à l'« aryanisation » des biens juifs, sur les révocations décidées en fonction du statut ou sur les dérogations prévues pour les héros de la Première Guerre mondiale…

Vichy n'a pas eu besoin de produire une nouvelle élite

judiciaire ; il s'est borné à promouvoir ceux, parmi les magistrats, qui étaient les plus proches de la Révolution nationale. Ainsi, alors que le séisme est d'une ampleur sans équivalent, l'écart entre l'État français de 1940 et la République plus profond qu'entre la Restauration et le Premier Empire ou entre la IIIe République et le Second Empire, l'épuration est plus réduite, du fait non de la magnanimité des gouvernants mais de la bonne volonté des magistrats de 1940. Tous, sauf un, nous le savons, prêtent serment au maréchal Pétain, — le président Mongibeaux, qui le jugera en 1944, le premier. Sollicités par Vichy de livrer les magistrats juifs de leur ressort, les premiers présidents et les procureurs généraux de cours d'appel répondent avec diligence. Étonnant corps de l'État qui a fait figurer jusqu'en 1997 dans son annuaire, sous la même rubrique « Cités à l'ordre de la Nation », quatre magistrats distingués par Vichy et exécutés par la Résistance à côté de cinq de leurs collègues, résistants ou déportés.

Passée, sans grand dommage pour ses membres, de la République à l'État français, la magistrature fait le trajet retour vers la IVe République dans d'aussi bonnes conditions. Au nom du choix fait par le général de Gaulle de privilégier le fonctionnement de l'État, la volonté de « continuité du service » prévaut. Le gouvernement de la Libération ne rétablit pas immédiatement l'inamovibilité, se donne le pouvoir de « dégrader, rétrograder ou suspendre » les juges du siège comme ceux du parquet et instaure une « commission centrale d'épuration de la magistrature » dont les procédures sont contradictoires et devant laquelle les magistrats peuvent se défendre, avec l'aide d'un avocat. Mais on est loin de l'épuration, républicaine elle aussi, de 1883, avec ses révocations à la hussarde. D'autant que de multiples voies de recours sont prévues, y compris devant le Conseil d'État.

Quant aux griefs adressés par la commission d'épuration aux magistrats, ils ne concernent ni les pratiques en matière de délits de droit commun, ni l'antisémitisme, ni le serment d'allégeance à Pétain, ni même, de façon systématique, la participation aux juridictions d'exception. La commission stigmatise, pour l'essentiel, le fait pour les juges de ne pas avoir utilisé l'étroite marge de manœuvre juridique que le régime de Vichy leur laissait, malgré tout, et qui aurait pu atténuer les effets de la répression politique. Sur environ trois mille magistrats, trois cent soixante-dix sont déférés à la commission, dont les deux tiers seront sanctionnés. S'y ajoutent environ cent cinquante démissions « sollicitées » et une centaine de sanctions légères, telles la rétrogadation ou la suppression de l'honorariat. Ainsi, 10 % des magistrats en place ont été épurés, en quelque sorte, à l'« aller », au moment de l'instauration du régime de Vichy, et 10 % au « retour », à la Libération. C'est beaucoup, disent d'aucuns, au regard d'autres corps de l'État, mais c'est dérisoire, compte tenu de la mission assumée, entre 1940 et 1944, par les juges.

La magistrature émerge de la période, disqualifiée et moralement atteinte. Elle se défend mal devant la commission d'épuration, plaidant l'irresponsabilité, le double jeu ou l'arrière-pensée résistante. Le corps est convaincu qu'on lui a reproché à la Libération ce qu'il a toujours fait et que le nouveau pouvoir continue à attendre de lui : servir le régime en place. De là un enchaînement de frustrations et de rancœurs qui s'est perpétué jusqu'à aujourd'hui.

Jamais les magistrats de l'après-guerre ne se sont collectivement livrés à un examen de conscience. Jamais ils ne se sont posé la question pourtant la plus fondamentale pour eux : doit-on exécuter toutes les lois ? N'existe-il pas de texte illégitime ? Jamais ils ne se sont demandé si appliquer une loi inique ne fait pas du juge un complice de ceux qui l'ont promulguée. Jamais leur attitude face à la législation antisémite n'a semblé leur avoir inspiré le moindre doute. Jamais ils n'ont exprimé de malaise ou de remords face à des rapports écrits par certains d'entre eux sur l'application — exemple parmi d'autres — de la législation antisémite à un individu né de deux grands-parents juifs, marié à un non-juif, mais qui ne s'était pas formellement converti à la religion catholique ou protestante : « Pour qu'il soit considéré comme juif, il faut que cet individu hybride prouve, par son appartenance à la religion judaïque, qu'il a conservé, malgré une origine mixte, un attachement tout spécial à la race juive. S'il n'est pas de confession juive, les quelques liens ancestraux qui le rattachent encore à la race juive s'évanouissent devant ceux qui l'attachent désormais à la race aryenne » (*sic*). Jamais les magistrats ne se sont interrogés sur une évidence : la législation antisémite n'ayant pas eu, Dieu merci, de précédent, ils ont fait œuvre jurisprudentielle et ont donc été des acteurs dynamiques et non de simples exécutants. Jamais, en un mot, le monde judiciaire ne s'est prononcé sur les limites, individuelles ou collectives, du devoir d'obéissance à la loi. Les autres corps de l'État, non plus, mais pour les juges, dont la loi est le pain quotidien, le manquement est encore plus stupéfiant. Dans l'inconscient collectif des magistrats, cette double lâcheté, faite de servilité pendant la guerre et de bonne conscience dans l'après-guerre, pèse certainement lourd.

*

La mémoire que la magistrature a de sa propre histoire est sans équivalent au sein de l'État. Ni l'armée, ni les grands corps techniques, ni le monde professoral, ni la préfectorale n'ont connu, à quelques décennies d'intervalle, de tels écarts de positions. Les juges sont les seuls à avoir défié un pouvoir de droit divin, mais parce qu'ils l'ont fait, ils ont plus que d'autres connu l'hostilité ultérieure du pouvoir exécutif et de perpétuelles remises au pas. Au nom de cette tradition historique, la logique aurait voulu qu'ils soient chahutés, plus encore qu'à l'accoutumée, par l'avènement de Vichy puis par le retour de la République. Or, paradoxalement, eux que les gouvernements ont asservis quand se sont produites des révolutions douces ont traversé, à peine atteints, un bouleversement institutionnel et moral, tant ils ont devancé avec aisance les exigences des maîtres du moment.

Cette impunité relative ne témoigne pas, paradoxalement, de leur force ; fruit de leur servilité, elle les marque au fer rouge. Aujourd'hui, chevauchant la seconde révolution française, ils pratiquent inconsciemment l'amnésie. Sans doute se sentent-ils plus proches du Parlement de Paris de 1750 que de la Cour de Riom de 1941. Mais aux yeux des citoyens, le souvenir de cette dernière rôde davantage : surtout quand ils entendent les magistrats d'aujourd'hui proclamer leur ambition d'indépendance.

V

LE DÉMON CORPORATISTE

Aucun corps de l'État n'a été aussi ballotté par l'Histoire que la magistrature : ni le monde de l'éducation dont le « catéchisme » a permis aux enseignants de persévérer, depuis cent cinquante ans, dans leur être ; ni l'univers des finances ou des corps techniques qui ont réussi à faire de leurs compétences professionnelles un bouclier ; ni même l'armée qui, quoique épurée en de rares occasions, a su utiliser ses victoires comme l'illustration de sa légitimité et ses défaites comme un alibi pour être ménagée. Le démon corporatiste qui taraude les magistrats serait-il une réponse à ce parcours chahuté ? Est-ce le métier, le plus politique et le plus complexe sans doute de tous ceux exercés au nom de l'État, qui pousse les juges à se refermer, dans un réflexe de défense, sur eux-mêmes ? Mal à l'aise, frustrée au regard de ses ambitions professionnelles, rétive face au pouvoir politique, la corporation semble avoir trouvé, avec l'indépendance, le mythe qui la transcende. Elle y voit à la fois la confirmation de sa mission, d'une essence quasi mystique, un prétexte pour ses revendications catégorielles, la justification de son fonctionnement autonome, voire autarcique. Mais à trop quêter l'indépendance sans s'interroger sur ses fondements, les magistrats finissent par oublier la plus naturelle des interpellations : qui t'a fait roi ? L'indépendance, sans la légitimité, ne risque-t-elle pas d'engendrer un délire corporatiste ? L'indépendance, sans la responsabilité individuelle, trouve-t-elle d'autre racine que l'égocentrisme de la corporation ? L'indépendance, sans lien avec les mouvements de la société, ne risque-t-elle pas de devenir un instrument, au mieux étouffant, au pire oppressif?

*

La magistrature représente au sein de l'État une profession microscopique pour une fonction titanesque : 6087 magistrats professionnels, un effectif dérisoire comparé aux bataillons de la fonction publique. Même suivis par la cohorte des 19 000 greffiers et des 24 000 membres de l'administration pénitentiaire, ils représentent une capacité de pression modeste dans une organisation publique qui avantage les bataillons les plus nombreux, surtout quand ils sont les plus frondeurs. Avec de l'ordre de 1,5 % du budget de l'État, le ministère de la Justice est l'un des moins dépensiers de l'administration. Dans un univers qui donne une prime aux départements les plus coûteux, c'est un « micro-ministère ». La noblesse de la tâche, la révérence de la société ne suffisent pas à compenser le médiocre rapport de forces dont peut se prévaloir un garde des Sceaux, au moment où s'ouvre, chaque année, la grande foire aux dotations budgétaires. Les magistrats se sentent mal aimés, parce qu'ils s'estiment marginalisés au sein du monde étatique. Comme ils considèrent — à bon droit — que leur mission devrait prévaloir sur les services publics ordinaires, ils escamotent leurs rancœurs et leurs frustrations derrière un surcroît de corporatisme.

Tout, il est vrai, les y pousse. Un métier qui, par sa nature, s'isole des autres fonctions de l'État. Un professionnalisme qui cultive une technicité et un langage ésotériques. Une organisation très hiérarchisée qui ne laisse guère de place aux déviants, aux originaux, fussent-ils de luxe, aux esprits les plus brillants, aux marginaux même issus des classes dirigeantes. Une viscosité des structures que l'inamovibilité, totale pour les magistrats du siège et partielle pour ceux du parquet, ne peut qu'aggraver. Un culte du tableau d'avancement que seuls les militaires pratiqueraient peut-être au même degré, s'ils ne bénéficiaient pas, eux, de la soupape du «pantouflage». Des cursus régis, pour la plupart, par l'ancienneté et, pour une minorité, par la grâce du pouvoir politique. Des débouchés vers la société civile d'autant plus rares que celle-ci n'acquiesce guère, pour l'instant, à l'idée de voir les magistrats défroquer, hormis les cas récents d'entreprises exposées aux foudres de la justice, qui imaginent en recrutant un juge mieux se protéger. Des mécanismes de promotion que les règles chargées de garantir l'indépendance obligent encore à une plus grande lourdeur que pour les fonctionnaires ordinaires. Des procédures qui, à l'instar des autres corps de la fonction publique, font des syndicats les garants de l'immobilité. Des trajectoires de carrières que le faible nombre de postes disponibles rend contradictoires avec celles du voisin, du collègue, de l'ami ou de l'ennemi. Des rémunérations qui, quoique convenables au regard des normes de la fonction publique, déclassent les juges aux yeux de leurs interlocuteurs, de leurs «clients» et de leurs partenaires, au premier chef les avocats.

Dans la plupart des corps de l'État existent de-ci delà des voies de traverse : recrutements parallèles dans les grands corps, nominations dites au «tour extérieur», développement, dans les universités, de charges confiées à des professeurs associés... Même si l'osmose avec la société demeure ténue et justifie, par son étroitesse, les antiennes sur la fermeture des élites, elle semble le comble de l'ouverture, comparée à l'isolement de la magistrature. La filière de l'École nationale de la magistrature ne cesse de se renforcer aux dépens des recrutements sur titres offerts à des personnes ayant déjà exercé une responsabilité professionnelle. Au sein de l'ENM, le concours étudiant fournit 80 % des élèves. Créée en 1958, l'école est en train d'établir son monopole de recrutement, comme l'ENA fondée treize ans plus tôt l'a fait pour les hauts fonctionnaires. Nombre de hauts magistrats aujourd'hui en fonction ont encore fait leurs classes sans passer par l'ENM. Dans dix ans, ce ne sera plus le cas. Presque tous seront issus de ce moule.

Doit-on, dans ce contexte, faire sienne l'admonestation de Daniel Soulez-Larivière ? «La révolution de la magistrature reste à faire. Il est clair que le juge de demain, investi d'une fonction d'arbitrage beaucoup plus importante qu'hier, intervenant dans tous les domaines de la vie nationale, y compris la matière lourde politique ou économique, ne peut continuer à être recruté et formé de la même manière demain qu'hier. Dans la société jacobine où il n'a jamais joué qu'un rôle secondaire, il était même possible de le recruter seulement par une école, à la sortie d'un cursus scolaire souvent moyen. Il n'en va pas de même dans la société de demain où, de petit fonctionnaire, il va devenir grand régulateur. Il lui faut pour cela de la culture, de la sagesse, du doigté, une profonde connaissance des mécanismes politiques, économiques et sociaux, qui ne s'apprennent pas dans les manuels ni sur les bancs d'une école. Or nos juges d'aujourd'hui sont formés comme des militaires. On les recrute à la sortie de leurs études. On les met dans une caserne, l'École de la magistrature, où ils sont formés par d'autres juges, comme les militaires par d'autres militaires. Et après cela, les voici transformés en nomades de garnisons-juridictions. Ils y vivront souvent à l'abri de la société, généralement craintifs à se compromettre, déjà insuffisamment payés par rapport à leur responsabilité. Le tout dans un rapport au mieux très puritain, au pire savonarolesque, avec leurs semblables, enfermés dans une idéologie mythique et confite de l'indépendance.»

L'École de la magistrature semble avoir tous les travers d'une sous-ENA, même si, en raison du chômage, le concours d'accès est devenu à son tour aussi très exigeant. Encore plus homogène sociologiquement : il existe un profil type de l'élève, une jeune femme de vingt-six ans, issue du premier concours, titulaire d'un DEA, originaire de la région parisienne, qui s'est préparée au concours à l'Institut d'études judiciaires de Paris-II... Moins sélective — qu'on ne voie dans cette remarque aucun préjugé d'un ancien major de l'ENA! — : le niveau des élèves magistrats demeure, sans doute, inférieur à celui des élèves hauts fonctionnaires. L'aptitude scolaire ne fonde pas la capacité professionnelle, mais quitte à se situer dans un processus sélectif à la française, autant attirer les meilleurs. Le programme, incertain, oscille entre la formation de terrain et la théorie, au risque de verser dans le délire sociologique. Ainsi, à titre d'exemple, la façon dont dans le dossier d'information sur les enseignements est présentée la déviance : « En effet dans les sociétés pluralistes, les débats sur l'acceptable et l'inacceptable, le juste et l'injuste, le permis et l'interdit sont parfois si fréquents que la norme devient un concept subjectif et relatif. L'application de la règle de droit, fonction essentielle du juge, acteur du contrôle social, participe de ces controverses » (*sic*).

Se dessine de la sorte une pédagogie mi-technique, mi-idéologique, mi-professionnelle, mi-« bourdieusienne », mi-juridique, mi-sociétale, mi-« soixante-huitarde », mi-corporatiste. Quelle trace laisse-t-elle trente ans plus tard sur le comportement d'un magistrat qui a bourlingué de tribunal en cour d'appel, du parquet au siège, de l'instruction à la spécialisation ? Impossible de le dire avec précision, mais ni le niveau de recrutement, ni la formation initiale, ni le cursus professionnel ne cultivent l'ouverture d'esprit, la sensibilité au changement, la réactivité aux mouvements du monde.

Et ce n'est pas la vie personnelle qui, en règle générale, permet de pallier chez les magistrats les rigidités du monde professionnel. Existe-t-il profession plus endogame ? Sous la monarchie de Juillet, 35 % des présidents ou vice-présidents de tribunaux, 38 % des procureurs, 43 % des magistrats étaient fils de magistrats. La situation a à peine changé : 13 % des magistrats ont un grand-père magistrat, 22 % un frère ou une sœur, 30 % leur conjoint. À en croire J.-L. Bodiguel[1], « un magistrat sur dix est d'une famille de magistrats, un sur cinq d'une famille de juristes, un sur deux d'une famille de service public. L'existence d'un héritage administratif transmis

1. *Les magistrats : un corps sans âme*, PUF, 1991.

par le milieu familial est nette, de même que la fermeture de ce milieu».

Si le recrutement par l'ENM a mis fin au stéréotype du juge issu d'un milieu social aisé, il a maintenu, voire accusé, le repli du corps sur lui-même. Quant à la féminisation, elle atteint des proportions sans équivalent à ce niveau de la fonction publique : en 1985 par exemple, les femmes représentaient 70 % des candidats à l'ENM et 63 % des reçus. Elles occupent d'ores et déjà près de 50 % des postes de magistrats. Ce n'est pas la parité qui constitue, dans l'univers judiciaire, un objectif mais sa pérennité, car la présence féminine sera à terme écrasante. Or n'oublions pas que la parité est une ambition à double sens. Une justice presque exclusivement féminine est aussi décalée par rapport aux exigences du temps que l'a été une justice si longtemps masculine

Chercheur universitaire, donc non suspect de céder aux préjugés de la caste judiciaire, J.-L. Bodiguel résume de façon lapidaire l'état des lieux : « Femmes et hommes, reflet de la structure sociale, ils donnent une image encore trop déformée de la société; professionnel, bien formé, sans éclat ni génie, ce corps est, dans l'ensemble, composé de tâcherons laborieux plus que d'originaux. Peu brillants mais peut-être faut-il qu'il en soit ainsi : agents de l'État, fonctionnaires, leur carrière souvent fort moyenne ne leur assure pas toujours l'aisance matérielle requise pour une liberté d'esprit bien nécessaire. » La magistrature comporte de grands juges; chacun en connaît, en particulier en haut de la pyramide. Peut-être existe-t-il aussi des « Mozart qu'on assassine », c'est-à-dire des juges hors pair que la lourdeur du système n'a ni su ni voulu repérer.

Mais la multiplicité des magistrats de qualité ne doit

pas servir à masquer le problème de fond. Même s'il ne subit pas la pression concurrentielle, de rigueur dans le secteur privé, un haut fonctionnaire est soumis, de nomination en nomination, à une évaluation professionnelle. Le magistrat, jamais. Son « permis de juger » — suivant une expression chère à Georges Kiejman — ne sera pas remis en cause. Certes ses fonctions changeront, mais le permis, lui, demeurera valable. Ni l'évolution de sa compétence technique, ni les modifications de sa psychologie au fil des ans ne feront l'objet du moindre examen. Juge il est ; juge il demeurera.

Ce personnel, dans l'ensemble moyen, serait au diapason des exigences classiques d'un service public ; il n'est pas à la mesure de l'ascension du droit dans la société, et donc des fonctions de régulation qui lui échoient. Si le droit règne et le juge domine, c'est une magistrature ouverte, reflet de la société dans sa diversité, composée de personnalités de haut vol, recrues d'expérience que la fonction appelle. Ni l'histoire de ce corps, ni sa composition actuelle ne sont en harmonie avec ce que devrait être une magistrature idéale. Trop de corporatisme tue une corporation.

*

Les frustrations professionnelles constituent l'aliment du corporatisme. Et comment donner tort, de ce point de vue, aux juges ? Sans doute Eva Joly déroge-t-elle à la retenue exigée de sa fonction en brandissant sa feuille de paie, en laissant les caméras filmer l'étroitesse de son bureau, en montrant avec ostentation les dossiers qui s'entassent. Elle a tort sur la forme et raison sur le fond. La disproportion ne cesse de s'aggraver entre les exigences de la société vis-à-vis de la justice et les moyens qu'elle lui concède. En vingt ans, le stock des affaires civiles en instance s'est accru de 278 % devant les tribunaux de grande instance (de 189 281 en 1974 à 526 725 en 1994) et de 346 % devant les cours d'appel (de 60 931 à 271 979 dossiers). Au pénal règne une stabilité apparente : le même nombre de procès-verbaux reçus dans les parquets (5,4 millions) ne donne lieu qu'à 612 674 poursuites en 1994 (contre 742 398 en 1987). Mais la durée d'instruction ne cesse, elle, de s'accroître : 6 mois en 1970, 12 mois en 1993, 15 mois aujourd'hui.

Les moyens humains ne répondent pas, à l'évidence, aux besoins : le nombre des magistrats est du même ordre qu'avant la Première Guerre mondiale ; il correspond à un juge pour 9 700 habitants en France contre un pour 3 600 en Allemagne. Nous consacrons 420 F par habitant et par an à la justice et aux prisons, contre 760 F en Allemagne. En quinze ans, face au triplement des affaires civiles nouvelles, le nombre de magistrats ne s'est accru que de 10 %, soit 600 à 700 postes.

À des ressources globales dérisoires s'ajoute l'inadaptation de la carte judiciaire qui ne permet pas d'allouer au mieux les effectifs et les crédits. La géographie des juridictions reflète l'héritage de l'Ancien Régime, corrigé par les effets de la première révolution industrielle. Depuis 1958, le monde rural s'est réduit comme une peau de chagrin, la hiérarchie des métropoles économiques a été bouleversée, mais l'organisation judiciaire est demeurée immobile. Certaines juridictions se situent en dessous du niveau d'activité nécessaire à un fonctionnement efficace : 37 tribunaux d'instance traitent moins de 250 affaires par an, 71 tribunaux de commerce moins de 200 affaires nouvelles, 93 conseils de prud'hommes moins de 200 dossiers. À l'autre extrémité, les grands tribunaux et les cours d'appel importantes sont engorgés. De là une inégalité de charge de travail considérable entre magistrats : de 1 à 2 entre les cours d'appel les moins chargées et les plus chargées, de 1 à 3 pour les tribunaux de grande instance, de 1 à 5 pour les tribunaux d'instance. Ces distorsions sont naturellement aggravées par l'inamovibilité qui est, en termes de pure gestion, contradictoire avec les exigences du service, puisqu'elle empêche le ministère de contraindre un magistrat du siège à quitter son poste ou à combler une vacance. L'inamovibilité n'a cessé, en effet, d'être interprétée d'une façon de plus en plus stricte ; au départ « propriétaire », grâce à elle, de son grade, le magistrat est devenu « propriétaire » de son emploi.

Ajoutons, pour faire bonne mesure, les retards dus au fiasco du plan informatique dans les années 90, l'hétérogénéité des locaux, l'absence de personnel d'exécution. Les gardes des Sceaux peuvent s'estimer en droit, au moment des arbitrages budgétaires, de pronostiquer une embolie du système judiciaire. Ils y ont gagné des crédits supplémentaires, des créations de postes, le regroupement des services liés à Paris aux affaires financières, mais cet effort, appréciable de la part d'un État appauvri, n'est pas en mesure de répondre à l'emballement de la demande. En trente ans, les affaires civiles ont triplé : elles sont passées de 600 000 à 1 800 000, et au niveau des cours d'appel, elles ont même quadruplé (de 50 000 à 200 000). De même en matière pénale se sont-elles accrues, sur la même période, de 7 300 à 19 700. Les magistrats peuvent donc arguer de leur efficacité et de leur productivité : ils ont en effet éclusé un volume triple d'activité avec des effectifs quasi stables.

Leurs frustrations n'en sont que plus vives : ils s'estiment mal soutenus par les pouvoirs publics, peu considérés, privés de la reconnaissance qu'ils méritent.

Le syndicalisme s'engouffre naturellement dans cette brèche. Après une période de forte politisation des organisations professionnelles, le débat est devenu plus traditionnel. Le temps s'est éloigné d'un Syndicat de la magistrature post-soixante-huitard, mû par une vision messianique de la justice, acteur clef de la lutte des classes et d'une Association professionnelle des magistrats, née de l'hostilité à la victoire de la gauche en 1981 et située sur les franges de la droite extrême. L'un et l'autre ont fini par rejoindre l'Union syndicale des magistrats dans un militantisme corporatiste des plus traditionnels. Tel se préoccupe en priorité des carrières, tel autre de la refonte des structures, le dernier de l'alignement sur les cursus les plus élevés de la fonction publique. Avec, pour chacun, en point d'orgue le mythe constitutif de l'indépendance. Des recrutements? Nécessaires à l'indépendance. Des revalorisations indiciaires? Gages de l'indépendance. Des moyens supplémentaires? Conditions de l'indépendance. L'indépendance est, en mieux, aux revendications des magistrats ce que la continuité du service public est aux syndicats de l'EDF ou l'égalité républicaine aux organisations d'enseignants : la référence quasi religieuse qui permet d'habiller les préoccupations les plus quotidiennes.

Mais la nature de l'acte judiciaire donne, au-delà des revendications traditionnelles, une densité particulière au corporatisme des magistrats. Aucun corps de l'État ne ressent à ce point l'impression d'être en butte aux attaques de la société entière. Du pouvoir politique, au premier chef, dont le souvenir des manipulations est encore présent. De l'administration des Finances qui refuse tous les plans de rattrapage budgétaire, alors qu'un effort massif représenterait à peine l'équivalent de la marge d'erreur sur les crédits de l'Éducation nationale ou de l'armée. Du Parlement, qui se garde bien de réclamer qu'on accroisse de façon trop significative les moyens d'un pouvoir devenu un rival. Des élites économiques qui, hier indifférentes à la justice, lui sont devenues hostiles depuis qu'elles découvrent les cabinets des juges d'instruction. Des autres catégories de hauts fonctionnaires enfin qui rechignent à voir leur hiérarchie traditionnelle bousculée par l'irruption de ces nouveaux venus capables, à l'occasion, de mettre en prison un inspecteur des Finances ou de juger un préfet.

La magistrature se sent agressée par le monde entier, au point d'oublier qu'elle forme avec les médias et l'opinion une redoutable trinité. De cette psychologie d'assiégé n'émerge qu'une seule aspiration, diffuse à force d'être trop violente : l'indépendance.

*

Vue par les magistrats, consciemment ou inconsciemment, l'indépendance rime avec une aspiration corporatiste à l'autogestion, dont l'instrument aura été leur lente conquête du Conseil supérieur de la magistrature. Créé par la Constitution de la IVe République, présidé par le président de la République, composé de membres élus les uns par les magistrats, les autres par les deux Assemblées, il a réussi à établir son pouvoir au grand dam des gardes des Sceaux successifs qui voyaient, en contrepartie, fondre le leur. Ambigu, mi-corporatiste, mi-politique, le Conseil respecta un équilibre précaire entre ces deux tentations, qui résista efficacement aux aléas d'une période troublée.

Avec l'avènement de la Ve République, la désignation du président de la République comme « garant de l'indépendance de la magistrature » et la vision jacobine du général de Gaulle, le Conseil supérieur, composé de magistrats nommés par le chef de l'État, devint un rouage administratif classique, sauf pour les questions de discipline où, sous la présidence cette fois-ci du premier président de la Cour de cassation, il exerçait les prérogatives d'une justice corporatiste et professionnelle.

Mais au fil des années, plus l'aspiration à l'indépendance de la justice trouvait une résonance dans l'opinion publique, plus les magistrats parvenaient à la transformer en une revendication visant à l'accroissement des pouvoirs du Conseil supérieur de la magistrature. L'indigence du débat public sur les questions judiciaires, la possibilité pour les magistrats de s'intituler défenseurs naturels de l'indépendance de la justice, le retournement brutal des hommes politiques, passant de l'arrogance vis-à-vis des juges à la pusillanimité — autant de raisons pour expliquer l'accceptation tacite et désormais inexpugnable d'un raisonnement tautologique : plus les pouvoirs du Conseil supérieur de la magistrature sont importants, mieux l'indépendance de la justice est assurée.

Ainsi s'est imposé subrepticement dans l'esprit des Français le principe qui fait aller de pair indépendance et gestion corporatiste. De ce point de vue, manipulateurs délibérés ou non de l'opinion, les magistrats ont gagné. Les premiers grondements de la révolution judiciaire ont entraîné en 1993 et 1994 une réforme du Conseil. Celui-ci comprend majoritairement des magistrats élus par leurs pairs (six) et quatre personnalités extérieures désignées par le président de la République, les présidents de l'Assemblée nationale et du Sénat, le Conseil d'État. Pour les nominations, il est présidé par le chef de l'État; pour les questions disciplinaires, par le premier président de la Cour de cassation pour les magistrats du siège, par son procureur général pour les magistrats du parquet. Quand il s'agit de nommer les magistrats du siège, le Conseil fonctionne suivant une double procédure : il recherche et propose au président de la République les magistrats de la Cour de cassation, les premiers présidents des cours d'appel et les présidents des tribunaux de grande instance. Pour les autres postes, les propositions sont faites par le garde des Sceaux, mais elles doivent requérir l'avis conforme du Conseil. Quant aux magistrats du parquet, ils demeurent soumis au garde des Sceaux, puisque celui-ci nomme procureurs et substituts après un avis purement consultatif du Conseil, le procureur général près la Cour de cassation et les procureurs généraux près les cours d'appel étant pour leur part désignés en Conseil des ministres comme de classiques fonctionnaires d'exécution, préfets ou directeurs d'administration centrale.

Compte tenu des nouveaux spasmes apparus dans les relations entre la justice et le pouvoir politique, le débat s'est déplacé vers la symbolique de l'indépendance. Le syllogisme traditionnel s'est imposé : la justice doit être plus indépendante; donc les magistrats doivent devenir plus indépendants; donc l'autogestion de leur corps mérite d'être accrue. Les idées s'articulent, toutes, dans ce contexte autour du renforcement des compétences du Conseil supérieur de la magistrature, organe suprême de la corporation.

Au départ «plus papistes que le pape», les hommes politiques se déclarent en faveur de l'autogestion; puis, découvrant la complexité de la question, ils deviennent plus prudents et se contentent de prôner un accroissement tempéré des responsabilités du Conseil. Ainsi, parfait produit de la cohabitation, le projet d'Élisabeth Guigou se prononce pour un système de nomination des magistrats du parquet après un avis, cette fois-ci conforme et non plus consultatif du Conseil, ce qui aurait évidemment empêché nombre de désignations trop ostensiblement politiques, comme en 1996. Une fois payé un tribu rhétorique à la sagesse de la magistrature, les responsables politiques sont naturellement sensibles aux excès du corporatisme. De là, dans le dernier projet, l'idée d'une représentation légèrement minoritaire des magistrats au sein du Conseil : dix élus par leurs collègues sur vingt et un, les onze autres membres, en l'occurrence «des personnalités reconnues pour leur autorité morale et leurs compétences juridiques», étant désignés comme aujourd'hui par le présidentde la République, les présidents des deux Assemblées, celui du Conseil économique et social, un collège composé du vice-président du Conseil d'État, le premier président de la Cour de cassation, le premier président de la Cour des comptes et enfin l'assemblée générale du Conseil d'État.

Toutes les gammes sont possibles à propos de la désignation des membres non-magistrats du Conseil. La réalité est incontestée : au-delà des apparences, la mécanique demeurera hypercorporatiste. D'où les membres non-juges tireront-ils leur connaissance des hommes? Comment savoir si Monsieur X, actuellement président du tribunal de grande instance de Caen, ferait un meilleur président de chambre à la cour d'appel de

Douai ou un meilleur avocat général à Strasbourg ? Ils ne peuvent s'appuyer que sur le travail interne de la Chancellerie et l'expertise de leurs collègues. Autant une telle composition du Conseil constitue une garantie contre les nominations agressivement politiques, comme celle d'un directeur de cabinet du garde des Sceaux qui rêverait de devenir procureur général à Paris, autant elle représente un simple alibi face aux risques de gestion corporatiste. Qu'il s'agisse de la connaissance et du choix des hommes, de la gestion des procédures disciplinaires, de la politique à long terme de nominations, la magistrature ne laissera guère d'influence à des tiers sur ces sujets essentiels. Plus le Conseil supérieur gagne, au nom de l'indépendance, en légitimité et en pouvoir, plus l'autogestion corporatiste se trouve renforcée, malgré la présence en son sein de sages extérieurs à la magistrature et dévolus au rôle de « potiches » respectables.

Or le corporatisme comme gage de l'indépendance n'est une fatalité ni pour le recrutement et la carrière des magistrats, ni pour la gestion des nominations. Ainsi, au Royaume-Uni, le système est fondé sur une expérience professionnelle attestée par des années de pratique du barreau, l'estimation des qualités personnelles par la Chancellerie et la nomination par la reine. Sans doute faut-il la vieille culture libérale britannique pour éviter, avec des règles aussi souples, la politisation de la justice, mais au moins cet exemple, aux antipodes de notre propre système, met-il à bas la croyance sommaire dans le corporatisme comme seul mécanisme objectif et équitable. En Allemagne, après avoir satisfait à des examens d'État, les juges sont nommés par le ministre de la Justice, dans certains cas après avis d'un comité de sélection : le pouvoir politique est donc en première ligne.

Aux Pays-Bas, les recrutements se font par moitié entre auditeurs de justice issus des facultés de droit et membres de la société civile forts d'une expérience professionnelle, avec, là aussi, un mécanisme de nomination qui fait une large place au pouvoir politique. Il existe, certes, à l'autre extrémité du spectre, des systèmes qui laissent, comme le nôtre, une large place au corporatisme. L'Italie, au premier chef, qui recrute ses juges par concours et confie l'entière gestion de leur carrière à un Conseil supérieur de la magistrature d'essence corporatiste, puisque trente de ses trente-trois membres sont des magistrats élus par leurs collègues. L'Espagne se situe, elle, moins haut sur l'échelle du corporatisme, puisque la majorité des membres de son propre Conseil supérieur sont des magistrats choisis sur proposition des Assemblées législatives.

Une conclusion s'impose : là où l'État est faible, voire corrompu, la pression de la société a conduit à une justice indépendante mais corporatiste, comme en Italie ; quand la démocratie est triomphante et la morale publique solide, le pouvoir politique gère une magistrature dont nul n'imaginerait qu'une fois en place les membres ne soient pas indépendants. À cette aune-là, le mouvement qui pousse en France à renforcer le corporatisme de façon à assurer l'indépendance judiciaire témoigne de notre immaturité démocratique : les gouvernements ne sont capables ni de choisir en équité des magistrats en dehors de la voie si confortable du concours, ni de gérer leurs carrières sans tomber dans le travers du népotisme et de la pression politique, ni au fond de jouer les administrateurs loyaux de la justice au nom de la société. C'est parce que la classe politique s'est, depuis plus de deux siècles, compromise dans sa manière de diriger la justice que l'opinion préfère s'en remettre aux magistrats eux-mêmes et que ceux-ci peuvent satisfaire leur tendance naturelle au corporatisme en se présentant comme le bouclier de la société face aux excès du pouvoir exécutif.

*

Aux questions que doivent se poser les magistrats — Qui nous a faits rois ? Que signifie « juger au nom du peuple français » ? Quelle est la source de notre légitimité ? —, le démon corporatiste apporte ses mauvaises réponses : l'indépendance en soi, l'autogestion du pouvoir judiciaire et une légitimité sans autre fondement qu'elle-même. Un juge célèbre aurait dit à un prévenu tout aussi notoire : « Désormais la justice passe avant la République. » Aveu naïf et absurde. Le même magistrat, féru de présence médiatique, n'a-t-il pas osé expliquer à la télévision « qu'il existe une coupure entre les élites et le peuple et qu'il appartient à l'action de la justice de la combler » ? L'inanité du propos n'en montre pas moins qu'existe, chez les magistrats, le risque d'un messianisme de café du Commerce, voire d'une mégalomanie fonctionnelle, dès lors que les racines de la légitimité sont occultées.

Le débat sur l'indépendance du ministère public ne fait qu'illustrer l'interrogation sur les sources mêmes de cette légitimité. Veut-on en rester au rappel de notre tradition que souligne la commission Truche : « Les magistrats ont pour mission première l'application de la loi votée par le Parlement et sont nommés par décret du président de la République ; le juge statue au nom du peuple français et le ministère public met en œuvre la politique judiciaire de la nation que détermine et conduit le gouvernement» ? Ou alors adopte-t-on une philosophie qui fait requérir les procureurs au nom de la société, leur octroie la même indépendance qu'aux magistrats du siège, les laisse gérer, en toute liberté, leur carrière et improviser à leur guise, plus répressives ici, plus libérales là, les modalités de l'action publique ? Ou choisit-on une approche révolutionnaire, telle que l'a un jour susurrée l'actuel procureur général près la Cour de cassation, avec un chef du parquet devenu un «grand procureur» élu au suffrage universel direct ? Cette idée en forme de provocation a le mérite paradoxal de poser la question de la légitimité : si celle-ci vient de l'élection, au moins existe-t-elle, fût-ce au prix d'un conflit insoluble avec les pouvoirs exécutif et législatif. Mais la perspective d'un parquet dont les magistrats seraient aussi indépendants que ceux du siège signifie la disparition de toute politique pénale. Chaque procureur jouerait, à son gré, de l' «arme atomique» que représente l'opportunité des poursuites, au risque d'une balkanisation de l'action pénale, en fonction du tempérament de l'un, de l'idiosyncrasie de l'autre ou de l'esprit du lieu.

D'aucuns argueront qu'au nom de ce raisonnement mieux vaudrait des membres du parquet fonctionnaires, soumis à la hiérarchie administrative du garde des Sceaux. C'est, de la part des militants de l'indépendance absolue, un argument habile, illustration du vieil adage : «Qui veut noyer son chien l'accuse d'avoir la rage.» Rares sont ceux qui rappellent le particularisme français en matière de ministère public. Dans la plupart des autres démocraties, les représentants du parquet sont des fonctionnaires qui, tout en bénéficiant de solides garanties d'indépendance, demeurent sous l'autorité de leur ministre. Chez nous, c'est Napoléon qui leur a conféré un statut de magistrats, afin de faire d'eux ses propres chevaux de Troie au sein de la justice. L'air du temps, la volonté de l'opinion de mettre fin à l'opacité du système politique, la multiplicité des pressions suffisent à déconsidérer l'idée, sauf à admettre en contrepartie, comme en Italie, que disparaît le principe même de l'opportunité des poursuites, toute plainte débouchant sur l'ouverture d'une instruction.

Mais ce va-et-vient entre les deux thèses extrêmes, l'absolue indépendance du parquet ou sa complète soumission, montre la difficulté d'établir un dispositif équilibré, dès lors que la question cardinale de la légitimité n'est pas tranchée. Au nom du principe tautologique, toujours inavoué — l'indépendance maximale va de pair avec le corporatisme parfait —, profitant de l'élan que leur confère, pour l'instant, le soutien de l'opinion, les magistrats essaient d'obtenir une victoire irréversible avec l'indépendance du parquet. Sur la base de cette chimère, s'installerait un système monstrueux : des magistrats recrutés par concours, autorisés à agir comme des électrons libres ; une armée, le parquet, privée de chef et dont les soldats décideraient de la stratégie, de la tactique, du choix de l'ennemi. Dans la mythologie actuelle, le magistrat est devenu un personnage éthéré, incarnation vivante d'un principe. Imagine-t-on la condition réelle d'un procureur de province coincé entre les notables qu'il côtoie au tennis-club, les coteries et les clans de la vie locale, les sentiments personnels, les frustrations matérielles, les sollicitations innombrables ? Ceux-là mêmes qui militent pour une indépendance au nom du rêve caché d'une justice militante susceptible de compenser le déséquilibre des situations de classe (suivant la terminologie d'autrefois) fabriqueraient un système absurde. À rebours de leur fantasme, se reconstituerait à longue échéance une vraie justice de classe, plus sensible qu'aujourd'hui aux intérêts et aux pressions des catégories dominantes.

De ce point de vue, l'existence d'une politique judiciaire nationale est une protection. La commission Truche a eu, elle, l'intelligence d'essayer de trancher le nœud gordien que forment la légitimité et l'indépendance, le démon corporatiste et l'exercice pratique du métier. Elle s'y est employée à travers un dispositif qui prévoit à la fois une plus grande transparence dans la nomination des magistrats du parquet, l'interdiction d'instructions individuelles, la définition par la Chancellerie d'une « politique de l'action publique » et enfin une procédure pour permettre au garde des Sceaux de faire appel d'une décision de classement. Car, on l'oublie trop souvent, à force de défendre les procureurs contre les instructions de classement sans suite de certains dossiers données par le gouvernement, on risque de ne pas protéger la société contre les décisions de classement prises, de leur propre chef, par les magistrats du parquet !

Après s'être situés dans cette optique, les projets du gouvernement ont été revus à la baisse, sous la pression corporatiste. Celle-ci a réclamé, sans vergogne, l'abandon d'un tel dispositif d'appel au prétexte, classique, de ne pas attenter au principe de l'indépendance. Dans une démocratie d'opinion qui voit le couple journaliste-juge régner sans partage, le pouvoir exécutif se sent mal armé face à la pression corporatiste des magistrats lorsqu'elle est relayée par la presse ; il bat en retraite par peur d'être accusé de vouloir rogner la sacro-sainte indépendance.

C'est la rançon de sa pusillanimité. Si, à l'aspiration à l'indépendance, il opposait l'interrogation sur la légitimité, le débat serait plus égal.

Face à des magistrats du siège authentiquement indépendants et dont le rôle consiste à arbitrer entre des intérêts clairement définis, de quelle légitimité peut se réclamer le procureur qui intervient dans un conflit social, requiert l'annulation d'un plan de licenciement, alors que les relations du travail relèvent de l'action gouvernementale et des procédures contractuelles ? De la société, répond l'écho corporatiste, en se gardant de poser une question de bon sens : un magistrat dialogue-t-il avec la société, comme un prêtre avec l'Esprit-Saint ? L'ecclésiastique est adossé à une Église avec son dogme et ses règles. Mais où le procureur de Romorantin trouvera-t-il l'inspiration pour s'exprimer au nom de la société ? Dans son intime conviction, c'est-à-dire dans ses propres préjugés sociaux et politiques. Faut-il que les politiques aient mauvaise conscience d'avoir si longtemps abaissé la justice et redoutent l'opinion publique, pour valider les fantasmagories idéologiques qui forment le brouet classique du corporatisme judiciaire !

*

Les mêmes inhibitions jouent sur un sujet lié, lui aussi, au mythe de l'indépendance : la responsabilité des magistrats. Cette musique-là, la corporation se garde depuis longtemps de l'entonner. Interpellé, dès son arrivée en 1981 à la Chancellerie, par des magistrats, Robert Badinter rétorquait : « La réflexion centrale que vous n'avez pas menée assez loin est celle de la responsabilité du juge, contrepartie du pouvoir exceptionnel que vous détenez. » Depuis, l'indépendance s'est accrue, la réflexion s'est faite encore plus lacunaire et la responsabilité plus ténue. Or, à long terme, la société ne peut s'accommoder d'une justice omniprésente et irresponsable. Tel est pourtant aujourd'hui le cas.

La responsabilité pénale, dans l'exercice de leurs fonctions, des magistrats ? La Cour de cassation s'est empressée de fermer la porte : « Attendu qu'en vertu du principe constitutionnel qui garantit l'indépendance des magistrats du siège, leurs décisions juridictionnelles ne peuvent être critiquées, tant dans les motifs que dans le dispositif qu'elles comportent, que par le seul exercice des voies de recours prévues par la loi ; que ce principe ainsi d'ailleurs que celui du secret du délibéré mettent obstacle à ce qu'une décision de justice puisse être considérée comme constitutive par elle-même d'un crime ou d'un délit ; qu'il en est de même en ce qui concerne le magistrat du parquet, dès lors qu'il est de principe que le ministère public prend les réquisitions et développe librement les observations qu'il croit convenables au bien de la justice [1]. » En d'autres termes : « Circulez ; il n'y a rien à voir. » Les préfets comparaissent en justice ; la responsabilité pénale des ministres s'exerce ; un ancien Premier ministre peut être mis en examen, de façon inique, dans l'affaire du sang contaminé, mais les magistrats sont, eux, intouchables. Supposons un jugement dont les motifs exprimeraient par exemple une incitation ouverte à la haine raciale, peut-on admettre l'irresponsabilité pénale du magistrat ? Et chacun d'imaginer, s'il le veut, mille autres exemples du même type...

La responsabilité civile ? En réalité, c'est l'État qui est

1. Chambre criminelle, 9 décembre 1981.

responsable, car il est garant « des dommages causés par les fautes personnelles des juges et autres magistrats », quitte à se retourner, lui, contre le magistrat devant une chambre civile de la Cour de cassation. Mais il s'agit en fait d'un dispositif théorique : l'État n'a été que rarement condamné à ce titre et il ne s'est jamais retourné contre le magistrat responsable. Certes des dispositifs existent qui engagent, de façon précise, la responsabilité de l'État, par exemple en cas de révision d'une condamnation pénale ou d'indemnisation de personnes « ayant fait l'objet d'une détention provisoire en cas de non-lieu, relaxe ou acquittement », mais les magistrats en cause dans ces affaires demeurent à l'abri de toute action reconventionnelle.

Ne demeure, dans ces conditions, que la responsabilité disciplinaire. En théorie, elle existe : « Tout manquement par un magistrat aux devoirs de son état, à l'honneur, à la délicatesse ou à la dignité, constitue une faute disciplinaire. » Dans le cas des magistrats du parquet, elle doit s'apprécier « compte tenu des obligations qui découlent de leur subordination hiérarchique ». C'est le garde des Sceaux qui déclenche l'action disciplinaire devant le Conseil supérieur de la magistrature, présidé par le premier président de la Cour de cassation ou son procureur général, s'il s'agit du cas d'un magistrat du siège ou du parquet. Son avis est exécutoire pour le premier, consultatif pour le second. Mais dans la mesure où la loi interdit de publier « toute information relative aux travaux et délibérations du Conseil supérieur de la magistrature », les procédures disciplinaires demeurent secrètes.

Ainsi arrive-t-on à ce paradoxe d'une justice qui se joue sur la scène des médias, compte tenu de la connivence entre juges et journalistes, mais sur laquelle tombe une chape de plomb quand sont en cause les magistrats eux-mêmes. Depuis 1958, le chiffre même des sanctions disciplinaires est mal connu : de l'ordre, paraît-il, de 90, donc moins de trois par an, ce qui, pour près de 7 000 magistrats, témoignerait soit de leur totale impunité, soit de leur absolue sainteté. Quant au Conseil d'État statuant comme juge de cassation à l'égard des sanctions infligées par le Conseil supérieur de la magistrature, il a contribué à verrouiller le système, en excluant qu'un grief reposant sur le contenu des « décisions juridictionnelles » soit de nature à justifier une sanction disciplinaire. Ainsi la faute professionnelle, telle qu'elle pourrait s'exprimer à travers les arrêts, n'est-elle pas sanctionnée. Et moins encore l'incapacité professionnelle, puisque la mécanique disciplinaire n'a pas vocation, sauf cas extrêmes, à priver le juge de son « permis de juger ». Heureux magistrats ! Ce sont les seuls Français à l'abri de toute sanction, preuve s'il en était besoin, que le dernier des pouvoirs est devenu le premier...

Si consciente fût-elle des risques de dérive corporatiste, la commission Truche s'est montrée particulièrement pusillanime vis-à-vis de la responsabilité des magistrats, se contentant de souhaiter que les termes du serment prononcé par les nouveaux juges, lors de leur prise de fonction, soient renforcés ! Dans ses projets initiaux de réforme, Élisabeth Guigou a certes cherché à remédier aux insuffisances les plus criantes du régime de responsabilité. Ainsi le texte prévoyait-il la saisine du Conseil supérieur de la magistrature non plus par le seul garde des Sceaux, mais aussi par les chefs de cour, et la publicité des décisions. Il envisageait surtout une nouvelle voie ouverte aux justiciables « qui s'estimeraient lésés à raison d'un acte commis par un magistrat dans l'exercice de ses fonctions et susceptible de recevoir une qualification disciplinaire» : la commission en charge de l'examen de ces requêtes pourrait les transmettre au garde des Sceaux qui demeurerait libre d'entamer ou non une procédure disciplinaire. Malgré les innombrables verrous et aléas de cette nouvelle procédure, les cris d'orfraie de la corporation n'ont pas tardé : «un système de sanction disciplinaire humiliant» aux yeux de tel syndicat, une intolérable agression de la part de la Chancellerie pour tel autre.

L'effet d'une telle novation risque, de toute façon, d'être illusoire : à quoi sert le renforcement du droit pour le garde des Sceaux d'entamer une procédure disciplinaire dont le résultat dépend d'un organe corporatiste, dès lors que depuis vingt ans aucun ministre de la Justice n'a osé s'en prendre au moindre juge qui bafouait, avec arrogance, le secret de l'instruction? De même les gardes des Sceaux successifs ont-ils tous laissé des juges s'exprimer en public sur les dossiers dont ils ont la charge, des procureurs disserter, de façon sagace d'ailleurs, de la politique pénale menée par leurs supérieurs hiérarchiques et des magistrats du siège et du parquet utiliser leur ascendant médiatique pour réclamer des crédits supplémentaires, tels des délégués syndicaux. Les autres hauts fonctionnaires ne pourraient s'accorder un dixième de ces facilités d'expression. Dans le contexte actuel, craignant d'être accusés par l'opinion de vouloir une fois de plus «s'autoprotéger», les parlementaires se feront un plaisir de mettre ce projet en charpie, lors du débat législatif. Comme tous les responsables politiques, ils joueront les vestales d'une indépendance absolue de la justice. Si les magistrats se montraient dignes du statut auquel ils aspirent, ils seraient les premiers à affirmer que l'indépendance ne peut être synonyme, pour eux, d'impunité. Mais au lieu d'aborder de front la question, ils préfèrent ruser en expliquant que la meilleure réponse se trouve dans le libre jeu de leur conscience et dans leur déontologie.

Après la «société», inspiration suprême au nom de laquelle les procureurs devraient requérir, voilà la conscience intime devenue l'alpha et l'oméga de la responsabilité ! Seul le règne du «politiquement correct» dans le domaine judiciaire permet d'expliquer que de telles sornettes soient accueillies dans un silence respectueux et approbateur ! Ainsi, dans un jeu normal de pouvoirs et de contre-pouvoirs, une responsabilité accrue devrait accompagner une indépendance désormais incontestable. Le corporatisme judiciaire fonctionne avec une telle efficacité que, bien au contraire, c'est l'impunité qui, elle, se renforce pour le plus grand confort des magistrats. L'indépendance naît normalement de la volonté d'assurer à la démocratie des *checks and balances*. Mais ceux-ci ne servent en pratique qu'à justifier l'accroissement du pouvoir judiciaire ; ils doivent disparaître quand il est, lui, en cause : place est alors faite aux seules régulations corporatistes. C'est, à long terme, un jeu dangereux que mène de la sorte le monde judiciaire. Ayant le vent en poupe, il peut se permettre de tout réclamer : l'indépendance pour l'indépendance, l'indépendance sans légitimité renouvelée, l'indépendance dans l'impunité... Le jour où il sera, à son tour, dans la ligne de mire de la société et où la seconde révolution française connaîtra elle aussi son Thermidor, tous ces excès se retourneront contre lui. Surtout, si dans l'intervalle, il a cédé, de temps à autre, aux tentations de l'abus.

VI

LES TENTATIONS DE L'ABUS

Tout pouvoir va au bout de son pouvoir. Pourquoi la justice échapperait-elle à la vieille règle d'expérience établie par Montesquieu ? Libéré de toute entrave, bénéficiant d'une position sans équivalent qui mêle l'inamovibilité et l'irresponsabilité, l'indépendance et l'impunité, l'appareil judiciaire ne peut que céder à la tentation de l'abus. Il n'est certes pas responsable des lacunes de notre État de droit, étranges perpétuations d'une époque où la puissance régalienne pouvait tout se permettre, mais les juges n'hésitent pas à utiliser à satiété les instruments qui leur sont, de la sorte, anormalement offerts.

En revanche la justice est comptable des excès nés de son propre dynamisme, des commodités que peut lui permettre la jurisprudence et d'un usage immodéré de certaines procédures et traditions. Le florilège de ces abus est illimité et il faudrait des bataillons de juristes pour en faire le recensement exhaustif. Maints exemples, les uns plus essentiels, les autres plus notoires, illustrent la situation actuelle : les abus sont à portée de main des membres du système judiciaire, dès lors non qu'ils veulent s'y livrer, mais plus simplement qu'ils se laissent entraîner par la facilité. Ainsi des dérapages du Conseil constitutionnel et des autorités administratives indépendantes. Ainsi, à travers l'exemple de l'abus de biens sociaux, de l'élasticité des constructions jurisprudentielles. Ainsi de l'ivresse pénale à laquelle se livre, de façon de plus en plus aiguë, la France. Ainsi de la litanie de ces multiples aberrations que ne cessent de rencontrer, au cours d'une carrière, de grands praticiens du droit[1].

*

Nul ne peut faire grief au Conseil constitutionnel de son action en faveur des libertés publiques, bien au contraire. À chaque fois qu'il complète dans ce sens-là sa jurisprudence, il contribue à normaliser, voire à banaliser la France en l'alignant sur les grandes démocraties modernes. Tel est d'ailleurs son véritable acte de naissance. De la Constitution de 1958 il a tiré son statut. Mais c'est avec l'affirmation, en 1971, de la liberté d'association qu'il a fondé sa légitimité. À partir de cette date, il a commencé à prendre du poids vis-à-vis de l'opinion.

La réforme constitutionnelle de 1974 et la possibilité, pour soixante parlementaires, de le saisir lui ont donné sa vitesse de croisière et l'ont mis en situation de tempérer, chacun le sait, les excès de l'alternance. Quand il déclare, le 16 janvier 1982, que le droit de propriété est un droit fondamental, ayant «valeur constitutionnelle»,

1. J'ai demandé à quelques-uns de mes amis, excellents spécialistes du système judiciaire, de me décrire les plus extraordinaires abus qu'ils ont notés dans leur carrière. De ce bouquet surréaliste d'injustices et d'aberrations, j'ai essayé de tirer quelques exemples.

il aide la société française à s'aligner sur le modèle d'économie de marché dans lequel elle vit sans vouloir pleinement l'assumer. Lorsqu'il encadre, en 1986, avec des critères stricts les modalités de redécoupage des circonscriptions législatives, il renforce les fondements de notre régime démocratique. En annulant, en 1993, certains dispositifs des lois Pasqua sur l'immigration, quitte à obliger le gouvernement de l'époque à une réforme constitutionnelle afin de passer outre à ses objections, il contribue à asseoir une conception de la citoyenneté plus proche de la norme européenne.

Mais lorsque, quelques mois plus tard, il censure la loi Bayrou qui modifiait la vieille loi Falloux de 1851 au nom de la valeur constitutionnelle du principe de laïcité, ou plus exactement de la conception traditionnelle, voire «laïcarde» de la laïcité, ne s'approche-t-il pas de la zone des abus? Ses défenseurs rétorqueront qu'un arrêt ne tombe pas du ciel, que la décision de janvier 1994 se situe dans le droit fil d'une jurisprudence établie depuis de longues années et que le droit entraîne le droit. Mais, encadré par une jurisprudence linéaire dont les étapes s'emboîtent les unes dans les autres, le libre choix du pouvoir politique se réduit comme une peau de chagrin. Le Conseil constitutionnel, cartésien et logique, ne s'autorise pas les tête-à-queue jurisprudentiels dont la Cour suprême américaine est familière et qui doivent plus à l'air du temps et aux mouvements souterrains de l'opinion qu'à la logomachie juridique. Peut-on, en équité, penser que le droit, pour les collectivités locales, d'accroître en 1994 leur aide à l'enseignement privé bousculait les tables de la loi constitutionnelle? Dans un domaine aussi mouvant que l'éducation, a-t-on intérêt à couler dans le marbre de la Constitution l'équilibre entre l'école publique et l'école privée, alors que l'évolution des mentalités, le réflexe « consumériste » des parents, l'atténuation du conflit religieux ne cessent, dans la vie quotidienne, de modifier les relations entre les deux systèmes ?

Le clivage pour juger de l'attitude du Conseil constitutionnel n'est-il pas d'une absolue simplicité ? Tout ce qui accroît les libertés individuelles et politiques est incontestable. Tout ce qui fige les règles économiques et sociales est discutable car contraire au mouvement même des sociétés modernes. D'où la conviction que, pris par sa logique propre, le Conseil cède à la tentation de l'abus quand il se porte garant, *perinde ac cadaver*, d'une lecture datée des droits économiques et sociaux.

Quand le droit de propriété est en question, c'est moins un enjeu économique que l'exercice d'une liberté individuelle qui est soumis au contrôle du Conseil. Vue sous cet angle, sa jurisprudence apparaît d'un grand classicisme. Une juste indemnisation en cas de nationalisation : ce qui conduisait, en février 1982, à prendre pour base incontestable les cours de Bourse et non d'aléatoires calculs d'actif net. L'obligation de compenser, par exemple, les servitudes d'urbanisme, qui brisent la règle d'égalité devant les charges publiques, par un principe général d'indemnisation. L'acceptation de l'expropriation si elle respecte de sévères conditions : l'exigence d'une « nécessité publique », le droit à une indemnité juste et préalable et surtout le contrôle de l'autorité judiciaire en cas d'atteinte à la propriété privée immobilière, au point que le Conseil a fait de l'intervention du juge « un principe fondamental reconnu par les lois de la République ». Dans cette affaire, le juge constitutionnel semble dans son rôle le plus commode, gardien de la liberté individuelle et protecteur des droits de la personne. Il ne faut pas néanmoins magnifier à l'excès son action. Ainsi n'a-t-elle pas permis d'éviter la condamnation, en 1997, de la France par la Cour européenne des droits de l'homme en raison de l'insuffisance des garanties prévues par le contentieux de l'expropriation : délai de jugement excessif (quatorze ans) et complexité de la procédure.

Lorsque le juge suprême aborde le sujet des services publics, la partie devient plus compliquée. Ainsi, dès sa décision de 1986 relative aux privatisations, envisage-t-il de « constitutionnaliser » certains services publics : « Considérant que si la nécessité de certains services publics nationaux découle de principes ou de règles de valeur constitutionnelle, la détermination des autres activités qui doivent être érigées en service public national est laissée à l'appréciation du législateur ou de l'autorité réglementaire selon le cas. » Le voilà doté, par ses propres soins, de la capacité de donner rang constitutionnel à Électricité de France, Gaz de France, France Télécom, en fonction de critères qui lui sont propres ! Ce n'est pas une mince attribution puisqu'un service public « constitutionnel » ne pourra être privatisé, sauf revirement de jurisprudence ou réforme de la Constitution. En effet, le Conseil a considéré, au moment de la création de France Télécom en 1996, que, dans la mesure où l'État détient au moins la moitié du capital de l'entreprise, celle-ci demeure la propriété de la collectivité au sens du préambule de la Constitution de 1946 (*sic*) ! Ainsi est établi, redisons-le, un lien qui permet de juger si, après l'an 2000, un service public sera privatisable par référence au texte de 1946, lui-même né des travaux réalisés, sous l'Occupation, par le Conseil national de la Résistance !

Situation surréaliste : si le service public de la communication audiovisuelle et la distribution de prêts bonifiés ont échappé à la constitutionnalisation, et si les termes de l'arrêt de 1996 peuvent laisser espérer la même issue pour les télécommunications, qu'en sera-t-il des chemins de fer ou de la distribution électrique ? Nul ne connaît les critères du Conseil, mais à s'en tenir à sa jurisprudence actuelle, ils ne semblent guère faire de place aux évolutions technologiques, à la politique européenne ou à l'environnement international !

Lorsque, dans un geste désespéré face aux grèves de décembre 1995, le gouvernement Juppé a envisagé d'inscrire explicitement dans la Constitution les règles du « service public à la française », il n'a pu que conforter, même s'il a ensuite laissé tomber en quenouille ce projet, le sentiment du Conseil sur son aptitude à trancher des enjeux économiques et financiers. On ne peut aujourd'hui exclure que la privatisation de France Télécom ou surtout d'Électricité de France soit déclarée inconstitutionnelle au moment où, dans le monde entier, les services collectifs sont tous privatisés ou sur le point de l'être ! Une fois de plus, prisonnier d'une démarche hyperjuridique, le Conseil constitutionnel ne se donne pas la flexibilité qu'exigent les mutations accélérées de l'économie de marché. C'est cette rigidité, bien davantage qu'une posture idéologique, qui crée la tentation de l'abus.

Dans le domaine social, le jeu est aussi incertain et flou. Lorsque les droits des travailleurs s'articulent autour de la liberté individuelle — libre adhésion à un syndicat, droit de grève tempéré par les exigences de l'intérêt général, application du régime de la participation aux fonctionnaires... —, la jurisprudence relève du bon sens et de la bonne volonté. Mais quand intervient la référence au principe d'égalité, la situation se corse. Ainsi, tout en validant la loi qui soumettait, en 1997, l'attribution des allocations familiales à un plafond de ressources, le Conseil a explicité son intention de jauger toutes les réformes de l'État-providence avec, pour référence, l'égalité prise dans son acception constitutionnelle. C'est à ce titre qu'il avait annulé la loi Bayrou et c'est au nom de cette jurisprudence qu'il bloquerait toute réforme, d'essence libérale, de la Sécurité sociale. Si le contexte politique français conduisait un jour à un tel aggiornamento, celui-ci entrerait en conflit avec des contraintes constitutionnelles, héritages, elles aussi, des réflexions de 1945 et de leur traduction dans le préambule de la Constitution de 1946 !

Il serait faux d'analyser le moment venu une telle situation à travers un filtre idéologique : un gouvernement de droite en butte à un Conseil constitutionnel de gauche ! La dynamique jurisprudentielle contraint davantage les conseillers que leur affiliation politique : ce qui fait, en l'occurrence, la force de l'institution la conduit sans crier gare jusqu'au risque d'abus de pouvoir. Comment qualifier autrement la situation qui verrait le juge constitutionnel bloquer, au nom de sa tradition jurisprudentielle, des réformes économiques et sociales qui, dans d'autres pays, relèvent du droit commun de l'alternance politique ? Le Conseil, jusqu'à présent, a joué avec cette tentation ; il n'y a pas explicitement cédé, sauf peut-être en rejetant la modification de la loi Falloux, mais à ce moment-là la lame de fond qui a mobilisé l'opinion l'a, d'une certaine façon, protégé. Que se serait-il passé si son arrêt était tombé à froid, dans un moment de grande sérénité ? Le pouvoir en place se serait senti agressé dans sa légitimité politique et aurait, à l'évidence, crié au gouvernement des juges. Comment imaginer, en effet, des réformes constitutionnelles à répétition, afin de fixer le régime des subventions aux écoles privées, les règles de la politique familiale ou les modalités d'accès au service public hospitalier ?

Prétendre certes que le Conseil est dans son rôle quand il accroît les libertés individuelles — les libertés formelles, disaient feu les marxistes — et qu'il s'en évade lorsqu'il devient le rempart des mécanismes de la Sécurité sociale établis en 1945 par Pierre Laroque traduit un choix idéologique. Les « bourdieusiens » de toutes obédiences y verront l'expression du pire prurit libéral. Ce n'est que souhaiter la traduction, dans l'ordre constitutionnel, des fondements de la démocratie et de la société de marché : pourquoi l'idéologie de 1945 pourrait-elle briguer un rang constitutionnel et non le système devenu la règle, c'est-à-dire l'économie de marché à capitaux essentiellement privés, que pratiquent tous nos partenaires de l'Union européenne ? À constitutionnaliser une vision de la solidarité et de l'État-providence, le risque est donc grand de provoquer, un jour, un conflit entre le juge suprême et le pouvoir exécutif issu du suffrage universel.

Comment éviter, aujourd'hui, un tel dérapage ? Pourquoi le Conseil constitutionnel accepterait-il de brider son pouvoir et d'en restreindre le champ ? Une réforme de la Constitution qui définirait, de manière plus prudente, les termes du préambule ? Illusoire. La pression d'un exécutif nouvellement élu, au nom de sa toute fraîche légitimité ? Heureusement impossible : l'époque est passée des incantations du style : « Vous avez juridiquement tort parce que vous êtes politiquement minoritaires. » Ne demeure donc que l'espoir de voir le juge constitutionnel limiter son propre pouvoir, l'exercer avec circonspection et éviter de céder à la tentation de l'abus. C'est attendre de lui davantage de retenue que de la part des instances judiciaires, parce qu'il est justement au sommet de la pyramide. Sans doute faudra-t-il, un jour, un affrontement brutal avec l'opinion publique pour qu'il s'y résolve. Poussé aujourd'hui par la vague qui sanctifie, du même mouvement, le droit, le juge et la Constitution, il ne semble guère porté, de son propre chef, à réduire son autorité. Les *checks and balances* trouvent leur limite quand un des pouvoirs n'est pas arrêté par les autres et doit chercher dans la vertu de ses desservants la seule retenue possible. Le Conseil n'a pas encore franchi la ligne jaune ; il s'en est parfois approché.

*

Le même risque vaut, toutes proportions gardées, pour les autorités administratives indépendantes. Transformées en juridictions de fait, elles en acceptent volontiers les avantages, le statut, le prestige, sans se plier aux contraintes qui encadrent le fonctionnement de l'appareil judiciaire. C'est de cette façon-là que, consciemment ou non, elles cèdent à leur tour à la tentation de l'abus. Celui-ci diffère pour chacune d'elles.

Pour la Commission des opérations de Bourse, le vice apparaît dans les procédures internes, même si l'actuel président de l'institution a commencé, dans la limite de son pouvoir, d'y remédier. Susceptibles d'appel devant la Cour, les décisions du collège, c'est-à-dire de son organe de direction, équivalent à des jugements de première instance. Or elles ne respectent pas le formalisme des tribunaux. Les services de la commission fonctionnent comme une administration à la disposition du président. Aussi mêlent-ils les rôles du parquet, du juge d'instruction, de la police judiciaire, sans que des règles minimales aident, en la matière, à distinguer le bon grain de l'ivraie. Quant au collège lui-même, il détermine des sanctions pécuniaires et décide de transmettre les dossiers au parquet. Compte tenu de la médiatisation qui accompagne désormais les affaires financières, ces décisions équivalent, pour l'opinion publique, à une procédure de première instance et, dans le cas de transmission au procureur, le projecteur est braqué d'une manière si intense que celui-ci ouvre, de façon presque automatique, une information judiciaire.

C'est dire que les décisions du collège mériteraient d'être entourées du même formalisme que les procédures devant les tribunaux. Ceux qui ont comparu devant lui, et en particulier les avocats d'affaires, parlent par comparaison avec émotion des tribunaux de grande instance et des tribunaux correctionnels. Au moins y distingue-t-on le juge du procureur, les témoins des accusés et ceux-ci peuvent présenter, dans des conditions précises, leur défense. Rien de tel jusqu'à présent devant le collège de la COB : tel «inculpé» est invité à accélérer sa déposition car l'heure tourne ; tel membre de l'institution joue au procureur, lorsqu'une affaire l'irrite, ou à l'avocat, quand il trouve l'instruction à charge. Rien n'est précis ; tout est flou : cette juridiction de fait délibère comme le comité de direction d'une entreprise ! La bonne volonté et le sens éthique des participants n'y peuvent mais. Sans respect des formes, sans distinction des rôles, il n'est pas de bonne justice, et les risques d'abus se multiplient.

Les mêmes défauts se retrouvent, exacerbés, au Conseil supérieur de l'audiovisuel ; le désordre dont les praticiens des médias sont familiers multiplie les aléas. L'idée de respecter les formes semble exotique ; la spontanéité des discussions tient lieu de procédures ; et les règles de fonctionnement de l'institution s'apparentent davantage à une réunion de famille, avec ses jeux de rôle, qu'à une juridiction. Dans un univers où les pressions sont monnaie courante et le jeu des lobbies incessant, le laisser-aller ambiant favorise l'opacité et celle-ci la suspicion. Ces travers sont d'autant plus dommageables qu'à la différence des arrêts de la COB, certaines décisions du CSA ne sont susceptibles d'aucun appel, ni du côté de l'État, pour les actes à caractère réglementaire et les nominations, ni du côté de la cour d'appel, pour quelques interventions d'essence juridictionnelle. Sous couvert d'une mesure technique, telle l'instauration d'une deuxième coupure publicitaire pendant la projection des films, le CSA peut bouleverser l'économie des chaînes de télévision. À qui doit-il rendre compte ? Au terme de quelle procédure se décide-t-il ? Avec quel degré de transparence ? Lorsque le président de cet organisme allonge subrepticement la durée de la publicité sur TF1, au moment du renouvellement du cahier des charges, et améliore donc substantiellement la rentabilité de l'entreprise, quel raisonnement l'a-t-il guidé ? Comment a-t-il arbitré entre les groupes de pression en présence ? Quand le Conseil accorde une nouvelle autorisation d'émettre à tel opérateur, quelles ont été ses motivations ? Lorsque le tribunal de commerce d'Aubenas met en règlement judiciaire une micro-entreprise locale, il doit motiver sa décision ; le Conseil supérieur de l'audiovisuel peut, lui, bouleverser l'économie du paysage audiovisuel français, sans rendre le moindre compte : ni à une autorité supérieure, ni à l'opinion en justifiant sa décision. Un organe quasi juridictionnel, avec un droit de vie et de mort sur un secteur économique majeur, au fonctionnement erratique, aux procédures floues et aux pratiques opaques : la tentation de l'abus rôde à nouveau.

D'autres institutions semblent aujourd'hui fonctionner de façon plus classique : le Conseil de la concurrence, peut-être parce qu'il est adossé au ministère des Finances et qu'il rend des comptes en dernier ressort au ministre ; la Commission de privatisation, bras séculier quoique indépendant du ministère. Tous deux peuvent, de surcroît, voir leurs décisions annulées par le juge administratif, ce qui oblige à un certain rigorisme des procédures. Si le CSA pouvait encourir dans chacune de ses tâches les foudres du Conseil d'État, peut-être se comporterait-il avec davantage de méthode et de précautions. Quant à l'Autorité de régulation des télécommunications, la moindre de ses interventions, par exemple en matière d'interconnexions des réseaux, déplace des milliards de francs d'un opérateur à l'autre. La vigilance des industriels du secteur est, d'ores et déjà, si aiguë que l'Autorité doit se protéger par des règles claires et des procédures limpides. Pourquoi la transparence du côté des télécommunications et l'opacité sur le versant audiovisuel ? Affaire de tempérament des acteurs, de culture de la part des juges et de leurs présidents respectifs, de style de lobbying ou d'omniprésence, pour les télécommunications, d'un marché financier averti et aux aguets.

Ce n'est donc pas un nouvel État de droit qu'esquissent, de la sorte, les « autorités administratives indépendantes » ! Elles sont dans une situation transitoire. Leur pérennité suppose qu'elles assoient leur légitimité aux yeux de l'opinion, et celle-ci passe par la transparence des règles de droit et des procédures protectrices des individus. Au moment où l'opinion française est soumise à un feu roulant de réflexions concluant qu'une institution indépendante comme la Banque centrale européenne doit rendre des comptes et ne pas vivre en autarcie, nul ne se préoccupe du fonctionnement de quasi-juridictions, au rôle certes moins important que la BCE, mais qui ont elles tous les défauts de l'isolement, donc de l'arrogance. Une fois de plus, le vieux précepte de Montesquieu joue : un pouvoir, hier dans les limbes, prend rapidement de l'assurance et va jusqu'au bout de ses possibilités, si rien ne l'arrête.

Jusqu'à présent, les autorités administratives indépendantes ont eu la chance de ne pas avoir à affronter le seul contre-pouvoir qui puisse se dresser en face d'elles, l'opinion. Les matières qu'elles ont en charge sont complexes ; les débats sur de tels sujets indiffèrent le plus grand nombre et les intéressés sont peu désireux de porter leur cause sur la place publique. Quel financier, condamné par la COB pour délit d'initié, acceptera, s'il veut mettre en cause le fonctionnement de cette juridiction, d'affronter l'opprobre du public ? Quel acteur du monde audiovisuel prendra le risque d'attaquer, par exemple l'octroi en 1996 d'une plage de publicité supplémentaire à TF1, quitte à voir le CSA et son orgueilleux président profiter du flou des règles pour se venger plus tard ? Quand une quasi-juridiction décide du sort d'une corporation particulière, celle-ci se réfugie toujours dans la discrétion. D'où la nécessité d'impliquer de telles institutions dans un jeu normal de pouvoirs et de contre-pouvoirs, avec des voies d'appel devant le juge, judiciaire ou administratif.

*

Ce que le Conseil constitutionnel et les autorités administratives pratiquent avec talent, l'élasticité des constructions jurisprudentielles, les tribunaux judiciaires s'y livrent depuis plus longtemps encore. Les praticiens du droit pourraient citer maints exemples, mais deux de ces constructions pèsent aujourd'hui d'un poids particulier dans la vie économique et médiatique, l'abus de biens sociaux et le contrôle des plans sociaux d'entreprise. L'« ABS » — sa gloire récente l'a fait accéder au statut des simples initiales — a joué un rôle décisif dans la normalisation désormais en cours des mœurs capitalistes françaises. Sans lui, l'obscurité aurait continué de prévaloir, en particulier dans les relations avec le pouvoir politique. La moralisation de la société française doit beaucoup à l'existence de cette incrimination. Mais ce serait céder au syndrome classique — « la fin justifie les moyens » — que de faire abstraction de la manière dont les juges se sont dotés d'un outil aussi puissant.

L'ABS dans sa forme actuelle est né de la loi de 1966 sur les sociétés commerciales : « Faire, de mauvaise foi, des biens ou du crédit de la société, un usage que l'on sait contraire à l'intérêt de celle-ci, à des fins personnelles ou pour favoriser une autre société ou entreprise dans laquelle on est intéressé directement ou indirectement », conduit à encourir une peine maximale de cinq ans d'emprisonnement et/ou 2,5 millions de francs d'amende.

Première étape de la manœuvre jurisprudentielle : l'élargissement de l'élément intentionnel. La mauvaise foi signifie en principe que le dirigeant devait avoir conscience d'agir contre l'intérêt social. Or l'« usage à des fins personnelles » fonctionne de manière extensive : le juge a en effet établi une présomption de culpabilité pour le mandataire social qui prélève de façon occulte des fonds sociaux, s'il ne prouve pas qu'ils ont été utilisés dans l'intérêt de l'entreprise. Autrement dit, pour s'exonérer, le dirigeant doit non seulement démontrer que l'usage de fonds ou de biens dont il a dissimulé l'emploi ne lui a procuré aucun avantage, mais également qu'il était conforme aux intérêts de la société.

Parallèlement, la jurisprudence a défini de manière très large les « fins personnelles », celles-ci pouvant être d'ordre matériel, exclusivement personnel ou moral, par exemple sauvegarder la réputation de la famille ou un réseau de relations commerciales ou amicales. Diluant de la sorte l'élément intentionnel de l'infraction, le juge a étendu le champ d'application du délit d'abus de biens sociaux et rendu d'autant plus ténue la frontière entre la faute de gestion, engageant seulement la responsabilité civile du dirigeant, et l'abus de biens sociaux, le soumettant aux foudres de la justice pénale. La jurisprudence s'est affranchie, de son propre chef, du principe de bon sens posé par le nouveau code pénal : « La loi pénale est d'interprétation stricte », de même que de la vieille règle : « Le doute profite à l'accusé. » Là c'est l'inverse : le doute sur la définition du délit bénéficie au juge.

Deuxième étape de la manœuvre : l'imprescriptibilité,

de fait, du délit. L'ABS étant un délit instantané, le point de départ du délai de prescription de l'action publique — trois ans pour un délit — devrait être le jour où l'infraction a été commise. Se fondant sur le caractère occulte de l'ABS, la jurisprudence a énoncé une règle toute différente, en prenant comme origine le jour où le délit est révélé et a pu être constaté dans des conditions permettant l'exercice de l'action publique, c'est-à-dire à partir du moment où le ministère public ou la partie civile pouvaient déclencher celle-ci. Dans ces conditions, l'abus de biens sociaux est frappé d'une imprescriptibilité de fait, ce qui équivaut dans la pratique à en faire, avec le crime contre l'humanité, la seule infraction imprescriptible.

Ainsi, en deux mouvements — une interprétation large du délit et une imprescriptibilité de fait —, le juge s'est doté d'un instrument passe-partout qui lui permet d'intervenir en force dans la vie économique. À cet incontestable état de fait, les défenseurs, en l'occurrence nombreux, de la jurisprudence répondent par deux arguments. L'un, incertain : la complexité des modes de gestion d'une entreprise rend illusoire le délai de prescription de trois ans. L'autre, plus sincère : face à la toute-puissance du monde économique, la justice doit disposer d'une arme jurisprudentielle d'une extrême vigueur qui la mette en situation d'égalité. Sociologiquement véridique, un tel propos est juridiquement inacceptable : il accrédite l'idée d'une justice missionnaire dont la tâche justifie qu'elle s'évade des règles de base valables dans un État de droit. Il est de surcroît hypocrite : les tenants d'une telle approche devraient, dans ce cas, militer pour que la loi fasse de l'ABS non plus un délit mais un crime, ce qui repousserait de trois à dix ans la durée de prescription. Ce serait, il est vrai, renoncer aux charmes discrets de l'imprescriptibilité de fait et ouvrir un débat public dont nul ne connaît l'issue : rien ne garantit que l'opinion accepterait de voir dans l'ABS un crime justifiable des assises !

Ainsi, par un étrange retournement, parce que, avec l'ABS, elle est aux prises avec les puissants de ce monde, la justice n'hésite pas à faire litière des impératifs d'équité et à s'en libérer au nom d'une mission historique qu'elle s'est elle-même assignée.

Comme tout aujourd'hui lui réussit et que tous la flattent, la justice tire sans vergogne sur le fil de la jurisprudence. Son ascendant est tel que les rares objecteurs, face aux abus de l'ABS, prennent d'incroyables précautions. Ainsi des propositions de loi qui, toutes, ne visent que les infractions à venir et laissent jouer l'imprescriptibilité pour les délits passés. Il n'existe donc aucune intention de la part des parlementaires de proclamer une amnistie pour les affaires en cours et pour celles qui viendraient à être révélées. Le prétendre, c'est faire un procès à la classe politique qui fleure le populisme et la démagogie. La justice garderait donc les moyens de « purifier » la vie des affaires, avec l'arme dont elle s'est dotée, et de remplir son rôle missionnaire. Quant au délai de prescription, le chiffre de six ans a été avancé, telle une cote mal taillée entre le régime applicable aux délits et celui valable pour les crimes. Bien que très prudentes et pusillanimes, puisqu'elles préservent le « stock des ABS » déjà commis, ces suggestions ont été taillées en pièces et le monde politique s'est empressé de reculer par peur des réactions de l'opinion. Lorsqu'elle est sûre de son bon droit et qu'elle croit s'adosser à l'humeur du pays, la justice, consciemment ou non, fait un usage extensif de la jurisprudence, toujours dans un seul sens : l'accroissement de son propre pouvoir. À la différence certes des avancées du Conseil constitutionnel, de telles embardées jurisprudentielles pourraient se voir opposer un contre-feu : la loi. Mais le législateur n'ose même plus jouer les contre-pouvoirs face au pouvoir judiciaire : les parlementaires geignent, se lamentent — et s'esquivent.

Lorsqu'il s'attaque au droit du travail, le juge est, en théorie, dans une situation différente. L'activisme du législateur est la contrepartie de la faiblesse des acteurs sociaux, et donc de l'effacement des accords contractuels. Plus la loi se veut présente, plus la justice est sollicitée pour l'appliquer. Jusque-là rien que de très logique et qui n'a jamais prêté à polémique : ainsi l'action des prud'hommes n'est-elle pas contestée, même si, pour compenser le déséquilibre des situations, elle penche plutôt du côté des salariés. Avec l'intervention du juge dans le cadre des plans sociaux, la partie change à nouveau de nature. Déjà, en matière de licenciements individuels, la justice s'estime en état d'établir l'« intérêt de l'entreprise » et de se prononcer sur ses impératifs de gestion. Ainsi la Cour de cassation a-t-elle décidé, dans un arrêt du 16 mars 1994, qu'un licenciement permettant d'améliorer la situation économique de l'entreprise — le remplacement d'un salarié par un autre salarié moins cher et aussi compétent — n'a pas « une cause réelle et sérieuse lorsque la situation financière de l'entreprise lui permet d'assurer la charge du salarié licencié ». Le juge, on le voit, n'hésite pas à s'immiscer dans la gestion et à juger l'intention et l'action des dirigeants.

Avec pour fondement de leur intervention la loi Aubry de janvier 1993 qui fait du plan de reclassement le cœur du plan social, les magistrats se sont engagés encore plus loin sur le terrain économique. Le texte de 1993 a prévu que les licenciements économiques doivent être précédés d'un plan social «permettant d'éviter les licenciements ou d'en diminuer le nombre». Premier acte jurisprudentiel : il est illégal d'organiser d'abord des reclassements de salariés et de ne préparer un plan social que pour ceux qui refusent ces reclassements. Dans ces conditions, tous les schémas de reclassement pouvant conduire à des suppressions d'emplois doivent être soumis à la procédure lourde et conflictuelle du plan social. Deuxième acte : si le plan social est insuffisant, la procédure est «nulle et de nul effet»; le juge peut donc ordonner la réintégration des salariés licenciés et l'indemnisation du préjudice subi dans l'intervalle. Au nom de quels critères, un plan est-il jugé insuffisant? Mystère... Les magistrats ne jugent pas de la même manière à Lille, à Bordeaux ou à Strasbourg et la Cour de cassation, si précise sur les modalités de réintégration en cas d'annulation d'un plan, s'est bien gardée de définir ces critères.

Ainsi, là aussi, grâce à une conception extensible de la loi, le juge s'est arrogé un pouvoir que ni le gouvernement ni le Parlement n'avaient l'intention, au départ, de lui confier. La situation s'est révélée tellement aberrante que certains chefs d'entreprise en sont venus à prôner la restauration de l'autorisation administrative de licenciement, dont les critères moins flous sont appliqués par des fonctionnaires plus rompus à ces sujets! Faut-il que leur désarroi soit grand pour qu'ils en arrivent à préférer les inspecteurs du travail aux magistrats!

L'incohérence, cas par cas, de la jurisprudence, le caractère aberrant que représente l'intrusion automatique du juge dans les procédures collectives, les aléas ainsi engendrés conduiront sans doute le gouvernement à présenter un projet de loi destiné à codifier les règles d'appréciation des plans sociaux. Si tel est le cas, au moins un correctif aura-t-il joué et le législateur aura-t-il mis un terme à l'impérialisme des magistrats. Mais rien n'est sûr, et encore si une telle démarche prévaut, résultera-t-elle des pressions exercées par les entreprises et de la relative légitimité, aux yeux de l'opinion, de leur cause : même les syndicats ne se font pas, sur un tel sujet, les défenseurs absolus du pouvoir judiciaire.

Les ressorts du processus apparaissent à l'œil nu, à travers ces exemples. Acte I : un texte législatif flou et vague — l'abus de biens sociaux ou le plan social. Acte II : avec quelques arrêts bien calibrés de la Cour de cassation, la justice étend son pouvoir d'appréciation et se met en état de pénétrer au cœur des entreprises. Acte III : ainsi dotés d'une arme de dissuasion, les juges soit se réfrènent dans leur action, soit cèdent à la tentation de l'abus, au gré de leur tempérament, de leurs opinions ou des circonstances. Acte IV : les acteurs économiques, les lobbies, les médias se mettent de la partie ; l'opinion devient l'instance ultime d'appel. Acte V : c'est elle qui tranche. Si elle penche du côté des juges — exemple de l'ABS —, le législateur demeure coi, les journaux applaudissent et les abus se multiplient jusqu'au jour, fatal, où l'humeur collective se retournera. Si, au contraire, elle ressent confusément que la machine judiciaire s'est emballée, il n'est pas exclu que dans un accès de courage le Parlement mette une borne aux dérapages. Ainsi se dessine une étrange démocratie, bien éloignée des règles traditionnelles de la séparation des pouvoirs : le judiciaire ne se voit bridé, dans son mouvement naturel d'expansion, par l'un des deux autres, exécutif ou législatif, que si l'opinion les y oblige. C'est donc elle, le plus instable, le plus imprévisible, le plus inattendu des pouvoirs, qui seule peut marquer la limite de l'acceptable ou de l'inacceptable.

*

La justice à la française n'a cessé, depuis des siècles, nous le savons, de privilégier le pénal aux dépens des procédures civiles. Goût chrétien de l'expiation, poids exorbitant du mécanisme inquisitoire, culte de la répression ? Cette tradition plonge loin dans nos racines. Alors que l'évolution contemporaine, le libéralisme ambiant, l'essor de l'individualisme, la contractualisation des relations sociales devraient entraîner un recul du pénal et sa concentration sur les incriminations essentielles, c'est l'inverse qui se produit. Le pénal ne cesse de s'étendre ; son champ d'application s'élargit ; il devient de plus en plus flou, ce qui accroît sans limites le pouvoir d'interprétation des juges. Sous la pression de l'opinion et étant donné la tendance naturelle de chacun à aller jusqu'au bout de son pouvoir, les magistrats risquent donc d'être entraînés *nolens volens* sur la pente des abus.

À en croire un expert[1], 24 % des infractions du Code pénal de 1810 étaient définies de manière large, laissant au juge un pouvoir important de délimitation de l'infraction. Dans le nouveau Code, le ratio dépasse 30 %, les infractions complexes étant passées, dans le même temps, de 12 à 32 %, tandis que les infractions simples

1. Jean-François Chassany, *Revue des sciences criminelles*, juillet-septembre 1996.

— celles qui ne posent pas de problème majeur d'interprétation, comme le meurtre ou le vol — sont tombées de 45 % à 22 %. Conséquence de la complexité de la société ? À coup sûr, mais c'était une tout autre philosophie que l'on pouvait attendre du nouveau Code pénal : l'équivalent pour un pays moderne baignant dans la mondialisation de ce que fut le code Napoléon pour la France bourgeoise du XIXe siècle : en l'occurrence les lignes de partage entre le bien et le mal, l'expression codifiée d'une morale, un texte de référence. Il aurait fallu faire au départ la liste des incriminations aujourd'hui en vigueur et pour chacune d'elles se demander si elle correspond à l'état des mœurs et si elle mérite des inflexions.

Or personne n'est en état en France de faire cet inventaire initial. Combien existe-t-il d'infractions ? Et quelles sont-elles ? Nul ne le sait. Et même si de tels éléments de base avaient été réunis, les critères n'étaient clairs ni dans l'esprit des juristes ni dans celui des parlementaires, qui auraient permis de faire un tri dans ce fatras. Sans doute n'étions-nous pas prêts pour un tel exercice de lucidité et d'autoanalyse. De là une sédimentation supplémentaire des concepts juridiques, une accumulation d'incriminations, sans qu'en contrepartie d'autres, aujourd'hui obsolètes, disparaissent, un flou croissant avec à la clef une latitude encore plus vaste pour le juge.

Le Code réduit les cas de constats objectifs pour faire place à la reconstitution par le juge de l'infraction présumée, à partir parfois d'éléments aussi subtils et subjectifs que l'intention supposée de l'auteur. Ainsi de cette nouveauté, la « mise en danger délibérée de la personne d'autrui », aussi incertaine que vague, aussi arbitraire qu'indéfinie, qui peut être soit une infraction autonome, soit la circonstance aggravante d'autres infractions. Elle illustre certes la tendance bienvenue dans le nouveau Code à faire prévaloir la prévention sur la répression, mais évidemment les fautes deviennent, dans cet esprit, plus insaisissables : l'imprudence se mesure moins aisément que le péché. Ce sera donc aux juges d'inventer, en cette matière, leur jurisprudence. Jusqu'où ironts-ils ? En profiteront-ils pour développer une conception de plus en plus extensive de la responsabilité qui, à force de bonne volonté, fabriquerait, par le jeu des contraintes et des sanctions imposées au citoyen, un totalitarisme doux ? Pourquoi escompter des magistrats qu'à force de tâtonnements jurisprudentiels, ils parviendront à élaborer un condensé de morale que ni le pouvoir exécutif ni le pouvoir législatif n'ont su esquisser ? Non, le droit ne sait plus d'avance ce qui est juste ou injuste ; il ne peut plus fixer, comme autrefois, des normes rigides ou des principes universels. Il oscille entre la précision tatillonne et la formulation vague. Mais moins le droit est sûr, plus la société devient, de gré ou de force, juridique. Dès lors que la règle ne permet pas d'identifier des catégories, de déterminer des classes, de fixer des hiérarchies, la jurisprudence improvise en fonction du tempérament de ceux qui la font, de l'air du temps, de la morale ambiante. À ce jeu-là, tout a été, est ou sera pénal : il n'existe ni bornes ni limites à l'extension des incriminations.

C'est dans ce contexte qu'apparaît — immense nouveauté — la responsabilité pénale des personnes morales. En toute logique, l'idée de transférer la charge de certains actes de l'individu à la collectivité à laquelle il appartient aurait dû provoquer un déplacement des lignes entre le pénal et le civil. Cela aurait été le meilleur moyen de «dépénaliser» certaines situations et de les laisser se régler, comme dans la plupart des démocraties avancées, par un contentieux civil. Mais la charge de l'opprobre aurait été moins forte. Or dans la France d'aujourd'hui, le législateur continue de croire que seule la dramaturgie du pénal peut réparer certaines fautes. Le voilà donc en train d'élaborer un concept étrange, la responsabilité pénale des personnes morales, avec sa gradation des sanctions supposées refléter, pour les entreprises ou les associations, la hiérarchie des punitions. Existe même la dissolution, substitut, pour les personnes morales, de feu la peine de mort; puis suivent une kyrielle de peines : l'interdiction à titre définitif ou temporaire, le placement sous surveillance judiciaire, la fermeture des établissements ayant servi à commettre l'infraction, l'exclusion des marchés publics, l'interdiction de faire un appel public à l'épargne... Toutes ces condamnations font — symétrie même des mots — l'objet d'une inscription sur le «casier judiciaire des personnes morales».

Même si cette percée conceptuelle témoigne, à sa manière, de l'éternelle ivresse pénale des Français, elle aurait pu constituer une utile soupape de sécurité, à la condition qu'elle se substituât pour les affaires les plus bénignes à la responsabilité pénale des personnes physiques concernées. Se serait, de la sorte, instauré un régime intermédiaire entre le civil et le pénal classique, qui aurait permis de réduire la longue liste des mises en examen et des condamnations correctionnelles. Ainsi, en respectant le goût français pour le pénal, aurait-on vidé les rôles des tribunaux des milliers d'affaires qui, dans d'autres pays, se seraient réglées au civil ou par arbitrage. Le législateur s'est gardé d'aller dans ce sens. Par une étrange aberration, il a expressément prévu la possibilité de cumuler la responsabilité pénale de la personne morale et la responsabilité personnelle des dirigeants. Cela prive de l'essentiel de son intérêt un processus qui aurait permis de trouver un responsable pénal, en l'occurrence la personne morale, même quand aucune personne physique n'est impliquée dans les faits.

Mais, avec le cumul des deux procédures, les juges ne seront guère tentés, sauf vertu ou ascèse de leur part, de renoncer au marteau-pilon de la mise en examen, assortie des brimades propres à la procédure inquisitoire. Au lieu d'un seul inculpé, ils en ont désormais deux sous la main : l'un de chair et d'os, le second plus abstrait. Comme en outre le principe de la responsabilité pénale de la personne morale est mal délimité, visant les « infractions commises pour leur compte, par leurs organes et représentants », nous voilà partis pour un grand maelström jurisprudentiel, autour de trois familles de responsabilités : l'addition des deux, le pénal réservé aux seuls dirigeants, le pénal apanage exclusif de la personne morale. Ce qui aurait pu permettre une « dépénalisation » douce de la vie économique et sociale risque au contraire d'aboutir à une surpénalisation.

Cette évolution n'est, pour l'instant, que dans les limbes, puisque la Cour de cassation ne s'est prononcée qu'une seule fois, en décembre 1997, sur la responsabilité de la personne morale. Elle a d'ailleurs commencé à faire prévaloir, à cette occasion, une interprétation rigoureuse de cette toute nouvelle disposition : les éléments constitutifs de l'infraction doivent, de son point de vue, être recherchés à l'encontre de la personne physique dirigeante et non à l'encontre de la société. Comment imaginer, dans ces conditions, que « tenant par le collet » le dirigeant, le juge se contente de s'en prendre à l'entreprise et renonce au passage à le mettre en examen à titre personnel ? Ainsi, par ricochet, la pénalisation des délits commis par les personnes morales risque d'accroître le nombre de mises en examen de leurs responsables. Le champ du pénal se sera élargi aux dépens de ses « clients » potentiels.

Or, plus le pénal est omniprésent, plus son contenu est flou, plus les tentations d'abus se font nombreuses : il n'existe d'autre frein que la retenue des juges. Ce serait leur prêter une vertu quasi romaine que les imaginer passant leur vie professionnelle à s'autocensurer et à refuser l'activisme auquel les convient naturellement les enchaînements jurisprudentiels, le plaisir du travail bien fait et la méticulosité des concepts juridiques.

*

Au terme de trente ans de fréquentation du monde judiciaire, que répondent de grands experts à cette question simple : quand le système a-t-il cédé à la tentation de l'abus ? Certains d'entre eux, étrangement, se taisent ou se rétractent, refusant de voir publier, même avec des noms d'emprunt, les vilenies qu'ils ne cessent de dénoncer en privé. Que retenir du florilège indiqué par ceux qui se montrent volontiers plus loquaces, une fois réitérée de leur part une précaution légitime : la justice ne fonctionne pas dramatiquement mal ; comme toute institution, elle pratique le pire et le meilleur, mais quand il lui arrive de friser l'absurde, son mode d'être et ses procédures lui interdisent de se corriger ?

Aux yeux de l'un de ces observateurs, s'impose une classification parmi ceux qu'il appelle les « juges tricheurs». Première catégorie : le tricheur «inconscient», c'est-à-dire le juge d'instruction qui nomme toujours les mêmes experts, lesquels lui «ficellent» des rapports approximatifs, mais toujours accusateurs. Exemple : dans une ville du Centre, quarante-deux mois d'instruction dont deux mois de détention préventive pour un chef d'entreprise de soixante ans, avec le catalogue complet des incriminations du droit pénal financier, au motif d'une expertise qui a benoîtement prétendu que l'entreprise n'avait pas de comptabilité, parce que l'expert ne l'avait pas trouvée, alors que celle-ci avait été saisie dès le début de la procédure et était en dépôt au parquet...

Deuxième catégorie : le tricheur par négligence, en l'occurrence le juge d'instruction qui, après avoir nommé un premier expert qui se trompe sur une question technique matériellement démontrable, nomme un contre-expert auquel il ne fournit pas les expertises en défense, car il ne veut pas admettre que puissent exister de tels travaux...

Troisième catégorie : le tricheur volontaire. Ainsi du juge d'instruction qui ne dépose pas, au fur et à mesure qu'ils lui parviennent, les éléments dans le dossier, de façon à les utiliser au moment qu'il juge opportun. Ainsi de son collègue qui débute une procédure sur une dénonciation prétendument anonyme, alors qu'il reconnaît ultérieurement dans un livre qu'il connaissait parfaitement le dénonciateur, mais qu'il a préféré, en agissant de la sorte, s'éviter les affres d'une confrontation.

Plus technique, mais tout aussi délibéré, le jeu visant à empêcher de soulever des nullités dans un dossier, compte tenu du délai très court (vingt jours) que laisse pour le faire, à la fin de l'instruction, l'article 175 du Code pénal. Dans cet esprit, certains juges, plus retors, n'hésitent pas à user de subterfuges. Ils peuvent saisir, sous un prétexte quelconque, la chambre d'accusation pour faire valider une opération; celle-ci, par son seul examen, purge toutes les nullités qui auraient existé dans le dossier et que personne n'avait eu, jusque-là, le temps de soulever. Autre stratagème, plus fruste : la notification du délai de vingt jours, début août, de façon à ce que l'avocat ne la découvre qu'à son retour de congé, donc une fois la période expirée.

À l'appui de sa démonstration, notre expert cite quelques exemples plus rocambolesques les uns que les autres. Dans l'affaire de Lattre-Levivier (Cassation 1995), Monsieur X a acquis cette société par l'intermédiaire d'une holding *ad hoc*. Deux ans plus tard, suivant un processus classique, il fusionne la holding avec la «cible», puis revend l'ensemble et engrange une plus-value significative. Le parquet ouvre une instruction sur une plainte déposée par le comité d'entreprise et constate que la dette d'acquisition a été éteinte par la trésorerie de la filiale; Monsieur X est condamné en correctionnelle à la prison ferme pour abus de bien social. Or une fusion est un mécanisme juridique régulier dont l'effet, en l'occurrence, était d'opérer une réduction du capital dans une proportion parfaitement compatible avec les besoins financiers de la filiale, comme l'a démontré la réussite de la cession ultérieure. À ce jeu-là, au nom d'une vision sacralisée de l'intérêt social, peut-être verra-t-on, demain, des dirigeants condamnés pour avoir distribué des dividendes au motif que ceux-ci sont payés par la société…

Autre aberration : un commissaire aux comptes révèle au procureur de la République, par courriers successifs, des faits délictueux relatifs à une société. Soudainement, il est inculpé et mis sous mandat de dépôt, le juge d'instruction lui reprochant, sans preuve, d'avoir dénoncé trop tardivement les faits, alors qu'il les aurait connus de longue date. La société ayant fait faillite, les salariés assignent l'expert et son cabinet pour obtenir réparation du préjudice résultant de la perte de leur emploi. Par jugement, le tribunal de grande instance sursoit à statuer jusqu'à ce qu'une décision définitive soit rendue dans l'instance pénale. Un non-lieu intervient : neuf ans après le début de l'instruction ! La carrière de l'expert-comptable a été évidemment brisée entre-temps, car suspect il ne pouvait continuer à exercer sa profession.

Exemple plus public : qui ne se souvient de l'affaire Pechiney, première plongée dans les eaux nauséabondes du mitterrandisme ? Avec, à la clef, une condamnation à la prison ferme pour Alain Boublil, relaxé en première instance, condamné en appel, son pourvoi en cassation ayant été ultérieurement rejeté. Pour ma part, je ne retire pas un mot de l'article que je publiai à l'époque dans *Le Figaro*, sous le titre « Boublil : étrange justice » :

« Je connais Alain Boublil depuis un quart de siècle. Nos relations ont été, à partir de 1981, si mauvaises que j'hésitais à le saluer. C'est dire que mon indignation après l'arrêt de la Cour de cassation qui le condamne est affaire de principe et non de sympathie. Qu'attend, en effet, le citoyen de la Cour de cassation dans une procédure qui voit se contredire le juge de première instance qui relaxe et la cour d'appel qui prononce une lourde peine de prison ferme ? Qu'elle examine l'intégralité du dossier et qu'elle tranche, en ultime ressort, le nœud gordien ! Nul n'ignore certes que notre juge suprême se détermine, en théorie, sur la forme et non sur le fond et que, de ce point de vue, l'arrêt Boublil est incontestable.

Mais dans une démocratie qui fait une place de plus en plus grande au droit, et qui transforme peu à peu le juge en arbitre de la société, la juridiction la plus haute ne peut échapper au rôle qui l'attend : traiter du fond. Et d'ailleurs, à suivre sa jurisprudence, elle le fait quand elle le veut. Là, elle n'a pas voulu.

«Un principe fondamental était pourtant en jeu. Les observateurs les plus attentifs des deux procès ont tous reconnu, fussent-ils hostiles à Alain Boublil, que sa culpabilité était loin d'être prouvée et qu'il y avait, au minimum, doute. La France ignorerait-elle ce fondement de toute justice démocratique : mieux vaut innocenter un coupable, s'il existe la moindre incertitude, que de prendre le risque de condamner un innocent? Le tribunal correctionnel aurait fait sienne cette maxime; la cour d'appel a préféré privilégier son intime conviction. N'appartenait-il pas à la Cour de cassation de trancher entre ces deux principes, le doute légitime ou l'intime conviction, au lieu de s'abriter derrière le faux-fuyant du formalisme? La justice ne vit pas dans un monde éthéré, sans passion, ni ressentiment. Alain Boublil a, par son comportement depuis l'avènement de François Mitterrand, blessé et excédé : il a, jusqu'à présent, suscité en retour l'hostilité de beaucoup. Mais l'antipathie n'est pas un délit. Dans cette affaire, elle l'a en partie été : imagine-t-on, à la place de Boublil sur le banc des accusés, un inculpé qui aurait su séduire par son humilité? Qui peut croire que cet anti-Boublil serait aujourd'hui en prison?»

Sans doute allais-je, à l'époque, vite en besogne, par indignation, en avançant l'idée que la Cour de cassation aurait dû juger explicitement sur le fond. Il aurait mieux valu attendre d'elle qu'elle le fasse, comme à l'accoutumée, sous prétexte de vice de forme.

Au hasard de cette promenade dans les souvenirs des habitués du Palais, comment ne pas se remémorer les silhouettes du juge Pascal, idole des post-soixante-huitards, dont la carrière a continué, comme si de rien n'était; de tel juge d'instruction, paranoïaque clinique, qui pratiquait la détention préventive comme d'autres sortent un parapluie quand il pleut; de tel de ses collègues de la région parisienne qui plaça un avocat sous mandat de dépôt au motif qu'il avait refusé de briser le secret professionnel; de tel autre, en activité dans l'est de la France, qui a laissé en détention provisoire, pendant plusieurs semaines, un président de conseil général, puisque les hommes politiques sont désormais suspects par nature? Cas isolés, répondra l'écho. Toute profession a ses déviants, plaidera un autre, et la proportion n'est pas plus forte chez les magistrats que parmi les fonctionnaires des Finances ou les militaires. À l'évidence, mais leur capacité de nuisance est plus grande.

À l'échelle du pouvoir judiciaire, quelques accidents et faux pas sont inévitables; l'insupportable n'est pas là; il apparaît dans l'impunité qu'assurent aux rares égarés l'inamovibilité, les mécanismes corporatistes et le privilège d'extraterritorialité dont la justice se sent, désormais, détentrice. Des écarts jurisprudentiels du Conseil constitutionnel aux excès de pouvoir d'un petit juge de province, une même tentation de l'abus se manifeste. Elle tient à une réalité simple : un pouvoir, sans contre-pouvoir, ne sait pas s'autodiscipliner. Face à cet état de fait, nombre d'acteurs de la société civile rêvent d'un « grand soir judiciaire » qui rétablirait, du même mouvement, l'empire légitime du droit et un fonctionnement équitable de l'appareil de la justice. Pure illusion...

VII

LE MYTHE DU « GRAND SOIR JUDICIAIRE »

Face à une situation en clair-obscur, le débat d'opinion se cristallise, comme toujours en France, sur des réformes quasi révolutionnaires, de manière à ne pas les faire et à préserver le statu quo. Plus les interrogations sur la justice se font fortes, plus les bouleversements en trompe l'œil deviennent osés, plus le rêve d'un illusoire « grand soir » rôde. Ces abstractions ont, toutes, des origines différentes : la volonté de mieux asseoir le pouvoir judiciaire et donc d'en faire une organisation monolithique ; le désir de corriger, par un grand coup de balancier, certaines dérives ; l'envie d'aligner l'organisation de la justice sur un modèle anglo-saxon, supposé mieux correspondre aux exigences d'une démocratie libérale. Ainsi voit-on revenir, de façon récurrente, des obsessions : l'élection comme source de légitimité ; la mise en cause de l'inamovibilité ; une mutation drastique du parquet, soit en direction d'un pur service administratif, soit, à l'inverse, en lui concédant comme en Italie une totale autonomie ; l'unification des justices administrative, judiciaire et constitutionnelle au sein d'un même pouvoir ; la constitutionnalisation des autorités administratives indépendantes ; l'abandon de la procédure inquisitoire au profit de la procédure accusatoire ; la « dépénalisation », voire la « déjudiciarisation », dans l'espoir de voir la société s'autoréguler par des procédures contractuelles et privées. Prises une à une, ces propositions semblent valides, souvent appuyées par des exemples étrangers. En réalité, les laisser flotter au-dessus de la justice, c'est se donner bonne conscience. En faire litière, c'est au contraire dégager la voie à une démarche réformatrice plus modeste, plus continue, dût-elle consommer davantage d'énergie politique.

*

Au jeu des illusions, à tout seigneur tout honneur, resurgit la vieille idée de l'élection. Elle fait habituellement florès à l'occasion des grands bouleversements politiques : la Révolution de 1789, la Restauration, 1848, l'installation de la IIIe République. L'ordre revenu, elle disparaît du paysage. Comment interpréter sa réapparition soudaine dans la France douillette de l'an 2000 ? Signe que nous vivons, sans l'assumer, une deuxième révolution française ? Symptôme avant-coureur d'une crise politique ? Ou, plus banalement, simple dérivatif dans un univers où le moloch médiatique a pris le dessus et exige d'être nourri de manière à créer de l'inattendu par des idées de plus en plus originales ou saugrenues ? Comment interpréter, de ce point de vue, la parole du président de la République lorsque, lui, le « garant constitutionnel de l'autorité judiciaire », évoquait comme une hypothèse parmi d'autres l'élection ? Un coup de boutoir contre notre tradition institutionnelle, un jeu rhétorique, la conviction que, même dans un vieux pays, il est possible de faire table rase du passé ?

Intellectuellement, l'élection, pour les tenants d'un pouvoir judiciaire fort, est confortable. Elle règle la question, mal résolue, de la légitimité et du positionnement du troisième pouvoir, par rapport aux deux autres, exécutif et législatif. Le juge devient l'émanation directe du peuple souverain ; il occupe un rang équivalent à celui des deux autres pouvoirs ; choisi par ses justiciables, il est naturellement légitime à leurs yeux. Pratiquement, un tel système peut s'avérer calamiteux. Ce sont les États-Unis qui devraient songer à mimer nos institutions et non nous les leurs. Qui a assisté, dans le Wisconsin ou ailleurs, à la campagne électorale d'un juge de comté ne peut qu'abhorrer un tel simulacre de démocratie. Un homme politique peut flatter l'électorat : pour les tenants d'une action publique vertueuse et hiératique, c'est regrettable mais cela participe du jeu électoral. Voir un candidat juge aller de professions de foi mi-religieuses, mi-idéologiques en promesses démagogiques, toujours orientées vers davantage de « loi et d'ordre » est insupportable. Constitutionnellement, un tel bouleversement est impraticable : jamais les Assemblées parlementaires ne voteraient un texte qui, par ricochet, amoindrirait leur propre légitimité, en hissant à leur niveau les juges, et un référendum irait à rebours du sentiment des élites et de tous ceux qui assurent la médiation politique. Si soudainement l'opinion s'emballait pour un tel projet, il serait encore plus urgent de s'y opposer car il traduirait le triomphe du populisme et, à travers la volonté de se réapproprier directement la justice, une formidable envie de revanche sociale et une manifestation de haine à l'état brut. Institutionnellement, une telle perspective est vide de sens : elle prétendrait mettre à bas une organisation séculaire, alors que l'histoire agitée de la France n'a cessé de montrer que de l'Ancien Régime à la Révolution, puis de République en République, nos structures étatiques se sont perpétuées sans connaître de bouleversements d'une telle ampleur.

Prôner l'élection des juges est aussi efficace que de protester contre la loi de la gravitation universelle. Mais il ne faut pas traiter cette petite musique par le mépris. Elle porte témoignage, par son excès et ses limites, d'une interrogation dont les tenants d'une justice forte ne peuvent faire l'économie : quelle est la source de sa légitimité ? Il en va de ce débat comme de celui qui s'est développé des années durant, au grand étonnement de nos partenaires, sur l'indépendance de la Banque de France, puis de la Banque centrale européenne. Comment une institution, accouchée par le pouvoir politique, peut-elle, une fois mise au monde, être autonome par rapport à lui ? Pour les Anglais, les Américains ou les Allemands, rien n'est plus naturel. Pour nous, la bizarrerie demeure. Dans les pays de vieille tradition libérale, un juge nommé par le gouvernement se sait assuré de son indépendance : celle-ci se joue dans les têtes avant de s'écrire dans les textes. C'est parce que nous sommes incapables de penser, en termes de philosophie politique, un tel phénomène que nous adoptons le principe : seul le corporatisme peut fonder l'indépendance. Nous payons là l'évanescence, en France, de toute tradition libérale, aussi bien intellectuelle que politique. Et l'idée même de l'élection des juges nous permet de retomber, à l'inverse, dans nos ornières traditionnelles, cette fois-ci à leur profit : la démocratie naît de la souveraineté populaire, et non d'un jeu organisé de *checks and balances*. Évalué à cette aune-là, le choix des magistrats par le suffrage universel illustre une régression de l'esprit démocratique et non un progrès.

*

Autre pilier du temple : l'inamovibilité. Elle est devenue synonyme de garantie absolue d'indépendance mais il est inutile d'être grand clerc pour mesurer, en contrepartie de cet avantage, les inconvénients de ce droit exorbitant. La justice est ambivalente : elle incarne une philosophie de la société et elle assure un service public. L'inamovibilité répond à la première et dessert le second. De là, par rapport à cette réalité si particulière, deux postulations contradictoires. L'une fait de l'inamovibilité le *nec plus ultra* de l'autorité des magistrats ; elle veut donc l'étendre aux magistrats du parquet, mais surtout elle ambitionne de mettre fin aux principes hiérarchiques du corps judiciaire. Poussée à l'extrême, l'inamovibilité suppose l'égalité des positions : il n'existe plus de petits juges, à côté de grands juges, comme le bas clergé sous l'Ancien Régime par rapport au haut clergé ; les fonctions judiciaires sont attribuées à des magistrats presque égaux en droits, dont l'avancement se fait exclusivement à l'ancienneté, et avec, de toute façon, des écarts de conditions très réduits entre le haut et le bas de la hiérarchie. De cette manière-là, tous les juges deviennent, aux yeux des promoteurs de cette thèse, de « grands juges », inamovibles, légitimes et incontestés, qu'ils appartiennent au siège ou au parquet.

Le corporatisme est, de la sorte, poussé jusqu'à l'absurde. Quels seraient, dans ce système, les liens avec la société ? D'où viendrait l'exercice d'une autorité minimale ? Quelles garanties une telle organisation apporterait-t-elle aux justiciables ? Questions oiseuses, pour les militants de cette cause, puisque le magistrat solitaire est l'incarnation du droit en mouvement. Ainsi apparaît subrepticement dans le débat collectif une vision éthérée de la justice aussi proche de la réalité que pouvait l'être, pour les marxistes traditionnels, l'immanence de la classe ouvrière... La théorie de l'inamovibilité absolue, doublée de l'égalité entre juges, n'a évidemment aucune chance d'être mise en pratique, mais, à l'instar du fantasme de l'élection, elle colore les affrontements idéologiques et, comme tout extrémisme dans le champ politique, elle réussit à irradier l'ensemble des acteurs.

Il existe certes une philosophie symétrique sur ce thème de l'inamovibilité. Elle est minoritaire, aux antipodes de la « pensée unique judiciaire », et donc dépourvue d'influence dans le débat collectif : elle met en cause le principe de l'inamovibilité au nom d'un bon fonctionnement de la justice. Combien d'avocats lassés, après vingt ans d'exercice, de s'être heurtés à des magistrats incompétents, veules ou malintentionnés, n'en arrivent-ils pas en privé à s'attaquer à cette sacro-sainte inamovibilité ? C'est, à leurs yeux, l'explication unique des difficultés que rencontre le système judiciaire. Seule sa suppression permettrait de distinguer les bons des mauvais magistrats, et de mieux promouvoir les premiers, tout en pénalisant les seconds. Sans doute l'impossibilité statutaire de déplacer les juges du siège pousse-t-elle jusqu'à l'absurde la gestion bureaucratique du corps. Même l'armée, dont les règles de gestion sont aux antipodes de l'inamovibilité, avec des officiers corvéables à merci et déplacés sur un simple claquement de doigts de l'état-major, n'échappe pas à l'engourdissement bureaucratique. La magistrature est donc condamnée, elle, à l'immobilité, gage d'inefficacité et d'inéquité.

En pratique, le diagnostic est incontestable : quel chef d'entreprise pourrait optimiser sa gestion des ressources humaines avec des collaborateurs inamovibles ? L'impossibilité de muter les magistrats entraîne, *ipso facto*, une perte d'efficacité. Mais qui oserait, au nom de cette analyse exclusivement fonctionnelle, s'en prendre à l'inamovibilité ? On y verrait le prétexte à une reprise en main politique ; avec une opinion chauffée à blanc sur le thème de la justice, ce serait prendre le risque d'ouvrir un débat susceptible de faire descendre des centaines de milliers de manifestants dans la rue. Il en va de l'inamovibilité des magistrats comme de la sélection à l'université ou de l'abolition du SMIC. Ce sont les « vaches sacrées de la République » devant lesquelles s'incline tout gouvernement peu désireux, suivant le mot de Chateaubriand à propos du ministère Polignac, de « se jeter des tours de Notre-Dame ». Il est donc impossible de mettre fin à l'inamovibilité, sous prétexte d'efficacité, comme de l'étendre sans limites, au risque de fabriquer une justice balkanisée, incohérente, prisonnière de son succès. Voilà une autre illusion réformatrice à remiser au magasin des accessoires.

*

À l'égard du parquet aussi, rôde la tentation de grandes réformes, imaginées à partir de deux diagnostics contradictoires. Il s'agit, dans les deux cas, de mettre fin aux ambiguïtés actuelles que les projets législatifs du gouvernement font leurs. La première approche veut rétablir la fonction originelle des procureurs. Aux ordres du gouvernement, soumis à une hiérarchie stricte, ils remplissent le rôle d'un service des poursuites, en face de juges du siège indépendants et souverains. Ainsi le parquet et le siège fonctionneraient telles l'anode et la cathode du processus judiciaire, antinomiques et indissociables. C'est, pour les tenants de cette thèse, une manière de mettre fin à la position de plus en plus floue des procureurs dont l'autonomie croissante doit cohabiter avec la volonté de l'État de garder la haute main sur la politique pénale. Les affaires individuelles ne constituent plus un enjeu, puisque les instructions individuelles de classement ont été proscrites d'abord par l'opinion, puis par la pratique et désormais par la loi. La bataille porte, nous le savons, sur la capacité de l'État à demeurer l'instigateur de l'action pénale. Pour les tenants de cette thèse, la meilleure des clarifications serait d'aligner la position des magistrats du parquet sur celle des fonctionnaires d'autorité, pleinement dépendants du gouvernement. Il faudrait certes aller à rebours des mesures prises depuis plusieurs années, de manière à donner au parquet une plus grande autonomie. Dans cette optique, les verrous sur les nominations, dévolus au Conseil supérieur de la magistrature, n'auraient plus lieu d'être ; le gouvernement choisirait les procureurs généraux comme des directeurs d'administration centrale, et ceux-ci n'auraient d'autre marge de manœuvre que d'appliquer avec diligence les instructions générales du garde des Sceaux.

Une telle approche va à l'encontre de l'air du temps, à moins que celui-ci soit justement en train de changer... Qu'un ancien garde des Sceaux, Jacques Toubon en l'occurrence, s'improvise héraut de cette thèse est significatif. Jusqu'à présent, plus l'atmosphère était viciée par les affaires, plus la classe politique s'estimait obligée de pratiquer le « politiquement correct » en prônant, à chaque nouvel incident, une plus grande indépendance du parquet. La volte-face de Jacques Toubon annonce peut-être des temps nouveaux; un homme politique flaire parfois, avec un peu d'avance, l'évolution de l'opinion. Le moment est peut-être venu où, de guerre lasse, celle-ci s'interrogera sur la fonction des magistrats du parquet. Mais ce n'est qu'une hypothèse parmi d'autres, aujourd'hui encore audacieuse. Pour l'instant, évoquer la fonctionnarisation des procureurs est aussi sacrilège que remettre en cause l'inamovibilité. Même si elle se fonde sur une analyse défendable, elle tombe sous l'accusation infamante d'une reprise en main de la justice. Est-ce qu'une plus grande indépendance du siège suffirait pour faire accepter la fonctionnarisation du parquet? Ou bien n'est-ce seulement qu'une contrepartie souhaitable? Une telle suggestion signifie qu'aujourd'hui l'indépendance ne serait pas complète : idée sulfureuse s'il en est... Voilà encore une impasse conceptuelle!

L'atmosphère ambiante pousse davantage à l'hypothèse symétrique, celle d'une indépendance totale du parquet. Plusieurs hommes politiques ne cessent de l'invoquer, comme pour conjurer, aux yeux du pays, le soupçon de voir leur corporation conserver l'ascendant sur les procureurs. Elle flottait au départ au-dessus des premiers travaux de la commission Truche, le gouvernement de l'époque s'étant décidé à la prôner au nom d'un étrange sophisme : les procureurs, une fois nommés par le pouvoir, pour le servir, n'ont de cesse de marquer leur indépendance vis-à-vis de leurs parrains; inutile, dès lors, de supporter le poids de nominations politiques sans en avoir les avantages; autant, dans ces conditions, émanciper les parquets, afin d'obtenir au moins quelques retombées positives vis-à-vis de l'opinion. Il a fallu la prudence du rapport Truche, la prise de conscience progressive par les responsables politiques qu'ils risquaient de jouer aux pompiers incendiaires, le réflexe égalitariste d'une opinion révulsée à l'idée de voir le même délit jugé, de façon contradictoire, à Lille et à Nice, pour que se produise une désescalade.

Mais le projet Guigou, intelligemment tempéré, se heurte à la sourde opposition de ceux qui continuent d'escompter un bénéfice politique en embouchant les trompettes d'une indépendance à l'italienne. Ont-ils la moindre chance, à force de rodomontades et en surfant sur l'opinion, de parvenir à leurs fins ? Sans doute pas, car la société française n'est pas prête à concéder au pouvoir judiciaire le monopole de la politique pénale. Le duo d'un magistrat du parquet et d'un magistrat du siège, l'un et l'autre en état d'apesanteur, n'est pas acceptable, d'autant plus qu'il serait déséquilibré. Les magistrats des tribunaux de grande instance et des cours d'appel sont tenus de respecter la hiérarchie jurisprudentielle sous la tutelle de la Cour de cassation. À quelles références du même ordre seraient soumis des procureurs devenus électrons libres ? Soit ils seraient autonomes les uns par rapport aux autres, et ils n'auraient pour viatique que leur conscience et leur expérience. Soit ils seraient soumis hiérarchiquement au procureur général près la Cour de cassation, sans que leur nomination dépende de lui ; celui-ci se substituerait de fait, comme initiateur de la politique pénale, au garde des Sceaux : système incohérent privé de légitimité et de cohérence jurisprudentielle. Mais parmi les fantasmes d'un « grand soir judiciaire », celui d'un parquet autonome est le moins improbable :

la conjonction d'hommes politiques à la réflexion courte, de médias hâtifs dans leur raisonnement et d'une corporation habile à la manœuvre pourrait, par accident, nous y conduire. Une seule ligne de conduite s'impose : la méfiance. C'est pour éviter un tel enchaînement que les chefs de juridiction ont publiquement avancé une autre proposition : la dissociation des carrières entre le siège et le parquet, et donc l'impossibilité de passer, comme aujourd'hui, de l'un à l'autre. Cette réforme qui n'a rien, elle, d'une révolution permettrait aux yeux de ses instigateurs de mieux respecter l'autonomie du parquet, tout en le laissant dans le giron de la Chancellerie, de manière à éviter la balkanisation de l'appareil judiciaire.

*

Plus utopique apparaît l'unification des justices judiciaire, administrative et constitutionnelle. Les fondements historiques d'une justice administrative autonome ont disparu, qui correspondaient à une conception désormais surannée de l'État. Dans une société où la puissance publique était le vecteur exclusif de l'intérêt général et le tuteur de la nation, il était explicable qu'elle ne fût pas un justiciable de droit commun. Dans l'univers qui est le nôtre, marqué par l'émancipation de la société civile et la banalisation de l'État devenu un acteur parmi d'autres au sein d'une Union européenne chaque jour plus présente, rien ne justifie plus le régime d'extraterritorialité de la justice administrative — hormis la légitimité qu'indépendamment de ses origines contestables elle a gagnée.

Dans la longue marche qui a fait de la France un État

de droit, fût-il inachevé, le Conseil d'État a joué un rôle irremplaçable. C'est, d'une certaine manière, la seule juridiction à l'anglaise dont nous disposons. Des membres qui ne sont pas magistrats, qui ne revendiquent pas d'en obtenir les garanties, qui, s'ils cèdent aux complicités aristocratiques d'un vieux club, ne manifestent pas de réflexe corporatiste. Une indépendance, en théorie inexistante, puisque le Conseil est en principe un démembrement du pouvoir administratif, mais en pratique incontestée, car elle repose sur une psychologie collective, un orgueil professionnel et une tradition. Une jurisprudence qui, à l'exception de la période de Vichy où le Conseil a été aussi veule que les autres corps constitués, apparaît d'essence plus libérale que celle des juges judiciaires. Une audace vis-à-vis du pouvoir exécutif qui lui a même permis de se dresser, à travers l'arrêt Canal, contre l'autorité jupitérienne du général de Gaulle, lequel, une fois passée sa colère, a dû baisser pavillon devant un collège sur lequel il avait en théorie barre, puisque le Conseil n'est protégé par aucun mâchicoulis statutaire. Nul ne peut réécrire rétrospectivement les grands procès, mais lors de l'affaire Dreyfus, le Conseil d'État se serait-il montré aussi pusillanime, dans le premier arrêt de renvoi, que la Cour de cassation ? On peut en douter. Au nom de quelle conception judiciaire devrait-on se défaire d'une telle institution ? D'une vision de la justice aussi organisée qu'un jardin à la française avec ses allées tirées au cordeau et ses ordres de juridiction parfaitement emboîtés les uns dans les autres ? D'une supériorité intrinsèque de la magistrature dont ni son passé ni son présent ne témoignent ? De la volonté d'éviter des contradictions jurisprudentielles ? Ce serait la justification la plus convenable si, dans la réalité, elle n'était pas devenue sans objet : les jurisprudences des deux ordres convergent de plus en plus sous les pressions conjuguées du Conseil constitutionnel, de la Cour de Luxembourg, de la Cour européenne des droits de l'homme, et plus encore des exigences de cet *habeas corpus* européen qui, subrepticement, s'impose à tous.

Chez ceux qui militent, de façon souterraine, en faveur d'une « OPA » de la justice judiciaire sur la justice administrative, apparaissent des motivations peu nobles : le désir qu'éprouve une magistrature socialement dévalorisée par rapport aux conseillers d'État de prendre sa revanche ; la jalousie que suscitent les positions de pouvoir accumulées au fil des décennies par les membres du Conseil ; la volonté de profiter d'un climat favorable au monde judiciaire pour annexer une province dont l'indépendance n'a jamais été reconnue. Mais à mauvais motifs, mauvaise réforme ! La probabilité d'un tel bouleversement est d'ailleurs infinitésimale : le pouvoir exécutif fait historiquement trop corps avec le Conseil d'État pour se laisser entraîner sur un terrain aussi glissant, au seul motif d'assouvir une inextinguible soif de pouvoir des magistrats !

Vis-à-vis du juge constitutionnel, la question se pose de manière différente. Ce n'est pas un hasard si les juges de l'ordre judiciaire n'y poussent pas. L'unification ne peut en effet s'opérer à travers l'annexion du Conseil constitutionnel par la Cour de cassation, puisque les juges de la Constitution ont une position institutionnelle d'une essence supérieure. Le seul rapprochement possible ne viendrait que de la transformation du Conseil constitutionnel en Cour suprême à l'américaine, et donc par l'abaissement, à son profit, de la Cour de cassation.

S'il s'agissait d'une réforme constitutionnelle redessinant les pouvoirs des deux organes, elle serait naturellement exclue. Pourquoi les pouvoirs exécutif et législatif prendraient-ils le risque de déplacer les colonnes du temple républicain, sans autre prétexte qu'un désir de rationalisation ? Si le projet consistait, plus modestement, à autoriser les citoyens à exciper devant les tribunaux judiciaires de l'inconstitutionnalité d'une loi d'ores et déjà promulguée, avec l'obligation pour ces derniers de se retourner vers le Conseil constitutionnel, ses chances de réalisation seraient infiniment plus grandes. Ce serait l'instrument ultime pour imposer le règne de la Constitution sur la loi.

Rien ne justifie, en effet, s'il existe une norme supérieure, que les textes législatifs ne puissent lui être à tout moment soumis, et, pis encore, que votées avant que le Conseil constitutionnel ne fonctionne à plein régime, certaines lois continuent de s'appliquer, tout en étant ostensiblement inconstitutionnelles. La logique dans laquelle nous sommes entrés avec le triomphe du droit pousse à une telle réforme. Au lieu de jouer avec des idées aussi farfelues que l'élection des juges ou l'indépendance absolue du parquet, les hommes politiques devraient militer en ce sens. Ils ne le font pas, ni d'ailleurs les magistrats. Pourquoi ? Les uns parce que toute extension des pouvoirs du juge constitutionnel affaiblit, par ricochet, leur position relative ; les autres parce qu'ils veulent bien transcrire, de leur plein gré, la jurisprudence constitutionnelle dans leur propre corps de doctrine mais n'acceptent pas de se voir soumis, sur ce plan-là, à une institution qui leur est extérieure. Sans force motrice, rien ne garantit que cette réforme de bon sens sera adoptée. Il est tellement plus confortable de rêver à l'absorption du Conseil d'État qu'à l'extension empirique des garanties constitutionnelles : preuve, s'il en était besoin, que la justice, comme tout pouvoir, pense d'abord à elle avant de se préoccuper de ceux qui lui tiennent lieu, les circonstances aidant, de justiciables, d'usagers ou de clients...

*

Autre avatar du « grand soir » : l'inscription dans la Constitution des « autorités administratives indépendantes » et, au premier chef, de la plus sensible de toutes, le Conseil supérieur de l'audiovisuel. L'argumentaire est limpide. Les nouvelles formes du droit ont besoin, à leur tour, de légitimité : quel meilleur ancrage possible qu'une bénédiction de la loi suprême ? Quand, aux incertitudes inhérentes à tout nouvel être judiciaire, s'ajoutent des ambiguïtés politiques, comme pour le CSA, il n'existe pas de meilleure protection que la Constitution. La valse accélérée — Haute Autorité de l'audiovisuel, CNCL, CSA — au rythme des alternances des années 80 ne peut que pousser à éloigner, de la sorte, le spectre de l'intervention politique. Le virtuose de la pression qu'était François Mitterrand ne s'était pas trompé sur l'intérêt électoral d'une telle opération, écrivant, dans sa *Lettre à tous les Français* : « J'aimerais enfin que fût introduit dans notre Constitution, au même titre que le Conseil supérieur de la Magistrature et que le Conseil constitutionnel, et au même rang que les autres pouvoirs, l'organisme dont notre démocratie a grand besoin pour assurer le pluralisme, la transparence et la cohésion de notre système audiovisuel. » À long terme, un raisonnement similaire pourrait s'imposer pour le

Conseil de la concurrence : la lutte contre les monopoles est, dans une économie de marché, l'équivalent des libertés individuelles dans une société démocratique. Autant assurer à ce droit imprescriptible la plus solide des fondations. Et, de manière générale, puisque les autorités indépendantes se multiplient, tels de commodes substituts à l'État régalien, pourquoi ne pas inscrire le principe qui les fonde dans la loi fondamentale, quitte à laisser le législateur les créer individuellement et en définir les règles de fonctionnement ? Derrière cette course débridée à la constitutionnalisation apparaît en filigrane une conception hiératique de l'indépendance : tous ces organismes devraient bénéficier, sous cet angle-là, d'un statut équivalent à celui de la justice, dont ils constituent, les uns et les autres, de nouvelles incarnations.

Rien ne s'oppose, intellectuellement, à une telle démonstration, empreinte de vertueux sentiments et d'esprit libéral. Seul le bon sens la rend problématique. Comment imaginer de donner un rang constitutionnel à un CSA dont le mode de fonctionnement et les procédures ne répondent pas aux exigences de transparence et de séparation des missions requises de l'autorité judiciaire ? Ce serait dévaluer la justice que de mettre à parité de rang avec ses propres organes une institution qui n'en respecte pas les procédures. Le risque, bien au contraire, serait de voir le CSA ou tel de ses congénères engranger la prime de respectabilité que leur donnerait leur élévation constitutionnelle et, fort de ce surcroît d'autorité, persévérer dans leur être, sans s'imposer les mutations nécessaires.

En réalité, la constitutionnalisation ne devrait que couronner un lent épanouissement. Lorsque les autorités indépendantes fonctionneront avec une équanimité et une hauteur de vues analogues à celles du Conseil constitutionnel, peut-être mériteront-elles une telle sanctification juridique. Mais ce jour-là, elles n'en auront plus besoin : imagine-t-on le Conseil d'État intriguer pour voir son existence inscrite dans la Constitution ? L'acharnement avec lequel certaines de ces institutions militent pour leur constitutionnalisation finit, d'ailleurs, par être troublant. Dans la pratique, le problème peut se régler de manière très naturelle : il suffirait que le Conseil constitutionnel manifeste, à l'occasion, que la suppression de telle ou telle autorité indépendante irait à l'encontre des principes généraux du droit. Ainsi, par ce seul jeu de cliquet, la tentation de la « table rase » politique serait écartée, tout en laissant le temps et l'expérience bonifier ces autorités. Hors de cette voie-là, le débat est illusoire et n'a pour conséquence que de déplacer, délibérément ou non, les enjeux du terrain réel — la mise aux normes démocratiques classiques de ces multiples autorités — vers une interrogation faussement philosophique et donc vaine.

*

Au jeu de la « table rase » judiciaire, la substitution de la procédure accusatoire à la procédure inquisitoire est évidemment un grand classique. Les termes du débat nous sont bien connus. Un système plus équilibré, du côté de la tradition anglo-saxonne, une meilleure protection, du moins en théorie, des justiciables, un moindre recours, en principe, à la détention provisoire, un culte moins exacerbé de l'aveu, et surtout, argument décisif dans une société médiatique, un affrontement à visage découvert sur la place publique qui permet, par sa transparence, de mieux protéger l'honneur des accusés. Dans ce tableau en noir et blanc, les défauts de la démarche inquisitoire sont symétriques : un déséquilibre de la procédure aux dépens de la personne mise en examen, un pouvoir exorbitant du juge d'instruction, la tentation à laquelle il lui est très difficile de résister d'utiliser la détention provisoire comme un instrument de pression, et surtout l'évolution délétère qui fait de la transgression du secret de l'instruction, dans une société où tout se sait, une atteinte aux droits du justiciable, avec le risque permanent d'encourir la plus cruelle des infamies, l'infamie médiatique.

À cette approche manichéenne, les zélateurs de la procédure inquisitoire (il en reste) apporteront de justes objections. Un procès à l'américaine fait de l'argent un auxiliaire de justice puisque la charge de la preuve étant, d'une certaine manière, « privatisée », elle coûte cher en interventions d'avocats, en expertises et autres investigations. Le système français est, sous cet angle, — qui s'en étonnerait ? — plus égalitaire. De même les prisons américaines regorgent-elles de détenus qui ont souscrit au *plea bargaining,* c'est-à-dire qui ont reconnu leur culpabilité et apporté leur contribution à l'enquête, en échange d'une peine amoindrie. Cette procédure-là vaut-elle moralement mieux que l'existence de la détention provisoire ? Quant à l'opprobre médiatique, sans doute un inculpé ne le subit pas de la même manière aux États-Unis, puisque le débat se déroule aussi à armes égales, face aux médias, mais nul ne peut non plus faire du procès d'O.J. Simpson, et de tous ceux moins grandioses qui lui ressemblent, le *nec plus ultra* de la justice.

À quoi, les tenants de l'autre thèse répondront que,

vu sous cet angle, un procès d'assises n'offre pas une image incontestable de l'équité… L'échange de balles peut indéfiniment se perpétuer. Mais la partie n'est pas aujourd'hui équilibrée : l'opinion et les élites sont plutôt tentées de céder aux charmes de la procédure accusatoire. Attrait d'une mécanique qui se déroule « à ciel ouvert », dans une société que dominent le culte de l'information et le refus, par principe, de toute forme de secret ? Attirance pour un jeu plus lisible entre la puissance publique et les justiciables, dans un monde qui aime de moins en moins les privilèges régaliens ? Influence — ne la sous-estimons pas — des séries télévisées qui font du procès à l'américaine le pain quotidien des Français, alors que notre justice, avec ses pompes et ses ors, leur paraît par comparaison lointaine et autoritaire ?

Le résultat est incontestable : la procédure accusatoire est à la mode, la procédure inquisitoire à l'index. De déclarations d'hommes politiques en avis d'experts, une pression se manifeste qui pousse à une transformation du système. La suppression de l'« inquisition », l'*habeas corpus*, les droits des justiciables : autant de grandes causes qui accompagnent un tel projet. A-t-il la moindre chance de se réaliser ? Comme à l'acccoutumée avec chacune des illusions du « grand soir » : aucune. Si l'idée prenait forme, elle ferait se dresser en face d'elle d'immenses résistances.

Ce serait la mécanique judiciaire entière qu'il faudrait transformer : l'avènement de la procédure accusatoire rime avec la disparition des juges d'instruction, celle-ci avec une métamorphose du parquet, cette dernière avec un bouleversement de nos modes de jugement. Dans ce jeu de dominos, aucun ne resterait debout. Tout serait alors à reconstruire. Comment croire qu'un simple débat d'opinion, fût-il intense, puisse mettre à bas un édifice dont la charpente a résisté à plusieurs révolutions et à d'innombrables changements de régimes ? Il faudrait une autre force motrice pour y parvenir que l'addition des mécontentements et des frustrations. Le corporatisme judiciaire, seul maître à bord après Dieu, voire avant lui, n'en voudra jamais ; le pouvoir politique aura peur de se lancer dans une voie aussi aventureuse ; les partis se réfugieront derrière le principe de l'égalité républicaine pour repousser cette tentation et l'opinion, une fois confrontée à la réalité d'une telle mutation, calmera ses propres ardeurs.

Suivant une démarche qui est familière à la France, trop de réformes tuent l'esprit de réforme, et une révolution institutionnelle, toujours dans les limbes, sert d'alibi au statu quo. Il est, en effet, possible de remédier aux principaux défauts de la procédure inquisitoire sans faire bouger les colonnes du temple. La présence d'un avocat dès la première heure de la garde à vue, une stricte limitation des cas de détention provisoire grâce à la disparition des motifs passe-partout — atteinte à l'ordre public et autres —, un resserrement des délais maximaux de cette même détention, la séparation des fonctions d'instruction et de juge des libertés, ordonnant la mise en détention ou le transfert à une instance collégiale de l'instruction, une jurisprudence plus libérale des chambres d'accusation, une procédure systématiquement publique devant celles-ci, un recours plus normal au référé-liberté : autant de progrès à mettre au crédit de l'« *habeas corpus européen* », et qui n'exigent aucun tremblement de terre institutionnel.

Encore faut-il répondre à deux questions clefs : la disparition de la présomption d'innocence et l'effondrement du secret de l'instruction. Puique la procédure accusatoire règle ce problème en pariant sur les avantages d'un débat ouvert et public, pourquoi ne pas s'inspirer des mêmes principes à l'intérieur même de la procédure inquisitoire? Les travaux et réflexions sont innombrables sur l'instauration de «fenêtres» lors de l'instruction pendant laquelle une information contradictoire serait donnée au public par le parquet et par les avocats. De même peut-on envisager la possibilité pour le justiciable de s'exprimer, de façon cette fois-ci officielle et non officieuse comme aujourd'hui, directement ou via ses avocats, au moment où l'annonce d'une mise en examen ou, pire, d'une incarcération, fait tomber sur lui le glaive de la justice médiatique.

C'est la seule voie praticable dans une démocratie d'opinion qui proscrit quotidiennement l'idée même de secret, quitte à oublier qu'à long terme la transparence absolue constitue, à sa manière, une forme de totalitarisme. Les autres approches destinées à rétablir le secret de l'instruction sont futiles : elles envisagent, toutes, de punir plus ou moins sévèrement les journaux qui l'ont transgressé, ou les fonctionnaires et les avocats qui ont fourni les informations : seuls les magistats sont préservés par ces projets répressifs, au nom de leur sacro-sainte irresponsabilité et pire, parce que les autres acteurs ont peur de les mettre en cause. La démarche répressive est vouée à l'échec : elle paraît liberticide; elle va à l'encontre du mouvement de la société; elle part de l'idée qu'il est possible de brider l'information à un moment où celle-ci devient aussi insaisissable que l'eau d'une rivière. Ceux qui plaident pour elle ne se rendent pas compte qu'ils veulent restaurer les pires défauts de la procédure inquisitoire, l'opacité et l'arbitraire. C'est à l'inverse par une transparence intelligemment gérée qu'on répondra à la disparition du secret de l'instruction. Voilà pourquoi, à trop fantasmer sur les mérites du système américain, les procureurs de la justice à la française se donnent bonne conscience pour ne rien faire.

*

Point extrême du « grand soir judiciaire », élégant paradoxe final : rêver d'une justice qui, telle la marée, se retirerait avec sérénité de la société, au profit d'autres formes de régulation. C'est, de toute façon, un mouvement spontané : l'encombrement des tribunaux, l'inexpérience des magistrats de base dans les matières économiques et financières, le désir de règlements rapides et discrets ont entraîné, nous le savons, un envol de l'arbitrage. La justice pousse très intelligemment à cette évolution, apportant sa bénédiction aux formes les plus diverses de médiation. S'il s'agit d'accélérer le phénomène, quelques textes bien ciblés y pourvoiront. De même, la dépénalisation des incriminations « à la chaîne » est possible, comme ce fut le cas, en 1992, pour les émissions des chèques sans provision, dès lors qu'elles ne correspondaient pas à des escroqueries.

Mais aux yeux des partisans du « grand soir », c'est une tout autre révolution qui est en jeu. Ils prônent d'abord un vaste mouvement de « dépénalisation » grâce à un travail titanesque de toilettage des textes, la suppression d'une multiplicité d'incriminations, le retour à une philosophie pénale draconienne — des incriminations peu nombreuses, une philosophie limpide de la répression —, et le basculement de tout le pan judiciaire qui résulterait d'une contraction du pénal vers des procédures civiles musclées. Intellectuellement, ils ont raison, tant la France pratique la « surpénalisation ». Pratiquement, ils ont tort : la réforme du Code de procédure pénale a été, de ce point de vue, édifiante. Partis avec les meilleures intentions du monde, obsédés par l'impératif de clarté et de concision, les rédacteurs sont arrivés au résultat inverse. Ce n'est pas, nous le savons, affaire de bonne ou de mauvaise volonté. Mais dans des sociétés complexes, aux valeurs mouvantes, sans morale collective, les lignes de partage s'estompent entre le bien et le mal, et avec elles la répartition entre ce qui relève du pénal — le mal — et ce qui peut se traiter au civil — le tolérable. Repartir dans cette voie-là est illusoire : les mêmes causes produiront les mêmes effets. Qui croit circonscrire le territoire pénal finit, à son corps défendant, par en repousser les frontières.

L'ambition de « déjudiciariser » répond aussi au désir de désengorger les tribunaux des affaires les plus banales. Rien n'est plus emblématique à ce titre que l'intention de l'actuelle garde des Sceaux d'instaurer un « divorce civil » par consentement mutuel, un officier d'état civil se substituant à la justice pour entériner la procédure. C'est, en théorie, une réforme de bon sens : dès lors que les parties se sont mises d'accord, pourquoi exiger l'aval du juge ? Et pourtant l'idée choque. Les maires, au premier chef, peu désireux d'être transformés en substituts ou en auxiliaires de la justice. Les défenseurs de la famille qui font semblant de croire aux effets dissuasifs de l'hermine du juge et affirment qu'une procédure banalisée encouragerait le divorce. Les avocats peu désireux de voir disparaître un fonds de commerce qui assure le pain quotidien d'une grande partie d'entre eux, car un divorce sans juge conduit mécaniquement à un divorce sans avocat. Enfin les zélateurs des valeurs républicaines, modèle début du siècle, peu enthousiastes à l'idée de voir les maires perdre leur rôle de prêtres laïcs à l'occasion des mariages, dès lors qu'ils en prononceront éventuellement la dissolution. Étonnante conjonction de rejets qui témoignent a contrario du poids mythologique de la justice et de la difficulté qu'éprouve la société à s'en libérer. Même si le gouvernement parvient, ce qui serait souhaitable, à ses fins, cette opération témoignera de la difficulté, au-delà des pétitions de principe, de « déjudiciariser ».

Il existe une voie pratiquée de longue date : l'extension des sanctions administratives, de manière à transférer, sans crier gare, une partie du fonds de commerce judiciaire des tribunaux vers l'administration. La jurisprudence exigeait, certes, l'existence d'un lien « préalable, volontaire et individualisé » entre le sanctionné et l'administration : ainsi en va-t-il de la suppression du permis de conduire ou de la fermeture d'un débit de boissons. L'essor des punitions fiscales et douanières bat en brèche cette sympathique définition : le lien du contribuable avec le fisc est encore moins volontaire que celui du conducteur avec l'État... La multiplication des autorités administratives ajoute encore à la confusion : sont-ce des sanctions administratives ou judiciaires que décrètent ces êtres hybrides ? Le Conseil constitutionnel a pris son parti de cette évolution : au lieu de pister les transferts du judiciaire à l'administration, il a préféré imposer à cette dernière un code de bonne conduite, afin que les justiciables ne soient pas plus maltraités par l'un que par l'autre. Ainsi, à condition de respecter des règles protectrices inspirées du droit pénal, l'administration peut s'arroger, via le législateur, des compétences jusqu'alors réservées à la justice.

De toutes les formes de «déjudiciarisation», c'est la plus simple et naturellement la plus contestable. Autant le mouvement est bienvenu qui restitue à la société le règlement amiable de litiges apparus en son sein, autant l'intervention du fonctionnaire en lieu et place du juge apparaît, elle, comme une régression à une époque où la montée de la justice est le corollaire naturel de l'affaissement de l'État. Ainsi existe-t-il une bonne et une mauvaise «déjudiciarisation». Le paradoxe veut que la mauvaise soit facile et la bonne aléatoire. Dans ce contexte, la prime une fois de plus va à l'empirisme : toute idée d'un basculement de grande ampleur est illusoire ; elle ne correspond ni à une possibilité technique, ni à une opportunité politique, ni à l'état des mœurs. C'est la société qui, à son rythme, sait se réapproprier le règlement de litiges qu'elle avait confié aux juges. Le reste n'est que fariboles.

*

Qu'un «grand soir judiciaire» soit impossible ne conduit ni au fatalisme ni à la résignation. Sans doute cette étape-là, c'est-à-dire la tentation de la table rase et de la révolution, était-elle nécessaire. Elle témoigne à la fois de l'irruption brutale de la justice dans le champ du débat public et d'une relative immaturité de la société française. Elle ne fait que suivre, en matière de justice, mais décalée dans le temps, le même itinéraire que pour les autres enjeux collectifs : prise de conscience, illusion révolutionnaire, alibi que celle-ci donne aux partisans les plus habiles du statu quo. S'ouvre ensuite une période d'incertitude qui voit les corporatismes se renforcer, en détournant à leur profit les interrogations collectives, avant de se trouver aux prises, dans le champ économique, avec la force du marché et, dans l'univers social, avec la pression de l'opinion. Le monde judiciaire se rapproche de cet instant-là : le réformisme retrouvera alors toutes ses chances.

VIII

LE PIRE OU LE MEILLEUR ?

La deuxième révolution française a donc commencé, mais à l'instar de toutes les vraies révolutions, ni son déroulement, ni ses soubresauts, ni son dénouement ne sont aujourd'hui prévisibles. Ils dépendent du fonctionnement de la société civile et de l'évolution de l'opinion publique, au moins autant que les révolutions traditionnelles pouvaient être conditionnées, du moins aux yeux des marxistes, par le jeu des forces sociales et la puissance du prolétariat. L'opinion joue en cette fin de siècle le même rôle, pour rester dans l'allégorie marxisante, que le prolétariat il y a cent ans. Elle aussi est devenue un mythe en action ; elle aussi paraît être la force autour de laquelle tout s'articule ; elle aussi semble incarner une dynamique irrésistible. Elle fait corps avec l'information, comme le prolétariat avec les rapports de production... Mais il n'existe pas d'eschatologie révolutionnaire pour l'opinion, telle la dictature pour le prolétariat. Là, esthétique intellectuelle mise à part, s'arrête le parallèle.

De l'opinion, ce moloch des temps modernes, tout relève. Mais avec elle, rien n'est certain : des scénarios contradictoires se dessinent, depuis le retour en arrière — les restaurations ne sont jamais exclues —, jusqu'à l'accélération révolutionnaire qui ferait, de fait, de la justice le premier des pouvoirs, sans contrepoids ni limites — l'étape «jacobine» en quelque sorte —, sans oublier celui, le plus souhaitable, du réformisme intelligent. Il est aisé de définir les quelques mesures qui permettraient à la justice de trouver sa place, celle d'un vrai pouvoir, sans excès d'honneur ni indignité. Une telle évolution témoignerait de la maturité de la société, mais elle en serait aussi le gage : serait-ce rêver éveillé ?

*

L'ascension spontanée de la justice naît, nous le savons, d'un double phénomène : le triomphe du marché dont le droit constitue, dans les sociétés sophistiquées, le pendant indissociable ; la puissance de la démocratie d'opinion qui a fait de la justice, grâce à son concubinage avec la presse, le plus puissant des contre-pouvoirs, avant qu'elle n'atteigne un niveau encore supérieur — devenir le premier des pouvoirs.

Du côté du marché, le mouvement est irréversible, ordonné, régulier. L'Europe a adopté un système de régulation à l'anglo-saxonne : la Commission de Bruxelles tient à une application stricte de cette philosophie et la Cour de Luxembourg s'efforce, avec un soin jaloux, d'en être le garant. Progressivement, cette architecture de droits et de devoirs se déplace du champ strict de l'économie vers la libre circulation des personnes, puis vers l'ensemble des droits individuels, et enfin vers le jeu de la société elle-même. Le citoyen y gagne en libertés ; le consommateur en avantages ; le contribuable en sécurité ; l'épargnant en protection. Il faut conserver, chevillée au corps, la haine des «libertés formelles» —

suivant le jargon de l'extrême gauche rebaptisée gauche radicale — pour ne pas voir dans celles-ci un progrès. L'alignement, de ce point de vue, sur le modèle libéral, tout en évitant ses excès et des emballements, constitue un optimum. Dès lors que la société de marché constitue notre quotidien et notre horizon, la lente acculturation de la régulation juridique est une aubaine. Rien ne devrait l'interrompre ou l'infléchir.

L'opinion ne se mêle guère de ce phénomène et, quand elle le fait, c'est toujours dans un sens libéral, voire libertaire. Discrètes, subreptices, ces conquêtes légales et jurisprudentielles représentent, à leur manière, pour la société de marché ce qu'ont signifié les grandes lois de la IIIe République sur les syndicats, les associations et la presse, pour la société politique traditionnelle. La Commission de Bruxelles se veut un gardien sourcilleux de la libre concurrence : parfait ! La Cour de Luxembourg devient le censeur de plus en plus vigilant des États membres : à la bonne heure ! La Cour européenne des droits de l'homme pousse la France vers une vision plus extensive des droits individuels : excellent ! Le Conseil constitutionnel, la Cour de cassation, le Conseil d'État se font, avec plus ou moins de réticences, l'écho de ces mouvements jurisprudentiels : inespéré ! Qui pourrait prétendre qu'en matière de libertés de base les Français n'ont pas gagné à de telles évolutions, imposées par la mondialisation, la domination du marché et les progrès de la construction européenne ?

Les croisés de la nation sont, sans le savoir pour les plus respectables d'entre eux et en pleine conscience pour les autres, de véritables adversaires des libertés. L'Europe nous a aidés à aller plus loin sur le plan des droits individuels classiques et nous a enseigné une nouvelle citoyenneté économique à laquelle nous, les sujets d'un État-nation arrogant, étions peu préparés. L'avenir est donc, sur ce terrain-là, balisé. De la même manière que les grandes lois républicaines constituent l'héritage lointain de 1789, les nouveaux droits que nous nous approprions dans une société de marché représentent la trace la plus durable de cette nouvelle révolution française.

Avec la démocratie d'opinion, autre expression, à côté de la société de marché, de l'âge contemporain, la partie est plus délicate. Lorsque la société civile s'appuie sur des acteurs forts et des procédures incontestées, la justice trouve, de façon très naturelle, sa place. Des acteurs forts, ce peuvent être, comme aux États-Unis, au Canada, en Allemagne, voire en Espagne, de puissantes collectivités territoriales ; le droit devient alors l'arbitre suprême et c'est de cette fonction-là, régulateur entre l'État central et le niveau inférieur — États, provinces, Länder, autonomies — qu'il tire la légitimité à partir de laquelle s'établit son ascendant.

Mais des acteurs adultes, ce sont aussi des syndicats dynamiques, des associations solides, des fondations respectées, des universités incontestées, des ordres professionnels estimés, des institutions d'intérêt général diverses et entreprenantes, établissant, entre eux, un jeu contractuel, et en général consensuel, dont le droit devient l'arbitre naturel. Dans cette configuration, l'opinion est omniprésente comme elle l'est dans toutes les sociétés modernes, mais canalisée, encadrée par une myriade d'institutions, et donc émiettée, digérée, voire anesthésiée. Quand les syndicats représentent 60 % des salariés, les Églises 90 % de la population, les associations cinq fois la population totale du pays tant les adhésions sont multiples, que les partis politiques réunissent un nombre important de militants, que des fondations se multiplient, presque aussi essentielles à l'intérêt général que l'État, les uns et les autres sont susceptibles d'amortir les soubresauts de l'opinion, de les médiatiser et de les exprimer sous une forme civilisée.

Le bon fonctionnement du système suppose un arbitre entre tous ces joueurs : c'est la place naturellement dévolue à la justice. Lorsque dans ce contexte la Cour suprême des États-Unis ou le Tribunal de Karlsruhe interviennent sur des enjeux aussi sensibles que la peine de mort ou l'avortement outre-Atlantique, le droit d'asile ou, à l'époque du communisme, les restrictions à l'entrée dans la fonction publique en République fédérale, ils font certes pencher le fléau de la balance dans un sens ou dans un autre. Mais cet arbitrage est incontesté car il a été précédé d'une maïeutique collective entre tous les acteurs, dont au premier rang les institutions politiques. Il n'en est pas résulté un consensus que le juge suprême se serait contenté d'entériner, mais les termes du débat public finissent par être d'une précision telle que l'arbitrage juridique est balisé, voire attendu. Dans un tel contexte, la légitimité du juge est incontestée, son intervention souhaitée, sa décision respectée, fût-elle ici ou là critiquée. Voilà pourquoi les positions de la Cour suprême sur la peine de mort (qui n'est pas inconstitutionnelle) ou l'avortement (dont l'interdiction le serait), sont acceptées, même par les franges les plus libérales ou les plus conservatrices de la société américaine : celles-ci militent en espérant faire changer d'avis les neuf juges de la Cour, mais elles ne mettent pas en cause leur libre arbitre. Ce qui est vrai pour les enjeux les plus symboliques relevant du juge constitutionnel s'applique a fortiori à la plupart des décisions traditionnelles de justice.

La France se trouve à des années-lumière d'un tel équilibre. Imaginons — un instant de déraison — que singeant la Cour Suprême américaine, le Conseil constitutionnel trouve un biais pour restreindre la liberté de l'avortement ou que, mettant ses pas dans ceux de la jurisprudence allemande, il ouvre la voie à la « préférence nationale ». Soit il aurait agi sur les instigations de l'opinion publique, mais d'une opinion à l'état brut identifiée à la longueur des cortèges de manifestants, aux sondages et à la surface rédactionnelle consacrée par les journaux à de tels phénomènes ; dans ce cas le triomphe du populisme serait total ; il aurait conquis, outre le pouvoir politique, le pouvoir judiciaire. Soit il serait intervenu de son propre chef, à rebours de l'air du temps et de l'humeur du pays, et avec pour seule explication l'idiosyncrasie de ses membres ; dans une telle hypothèse, ses arrêts seraient rejetés violemment par l'opinion et la légitimité de l'institution durablement atteinte.

Telle que fonctionne aujourd'hui la France, il est impossible d'imaginer le juge suprême jouant les Salomon après un débat, long et organisé, dans la société : à l'instar du pouvoir exécutif et donc comme lui, à ses risques et périls, il travaille en ligne directe et sans coupe-feu sur l'opinion. À société civile adulte et régulée, justice incontestée. À société civile instable, justice déséquilibrée. Quelle meilleure preuve de ce déséquilibre que la manière dont le système judiciaire est passé en quelques années de la Roche tarpéienne au Capitole ? Ce n'est pas un hasard si seule l'Italie a connu un bouleversement institutionnel d'une ampleur au moins comparable : ses institutions sont encore plus friables que les nôtres, ses acteurs sociaux plus virevoltants, ses organisations d'intérêt général plus incertaines.

Rien de pareil ne s'est produit dans les vieilles démocraties — Royaume-Uni, Pays-Bas — ou dans les sociétés civiles les mieux organisées — l'Allemagne au premier chef. Chez les unes et les autres, les positions relatives de pouvoir se modifient par des glissements successifs, tels les mouvements de plaques tectoniques. La justice a gagné en importance : moins qu'en France ou en Italie. Mais elle l'a fait pas à pas, d'évolution jurisprudentielle en évolution jurisprudentielle. Même les pressions sur la classe politique suivent un cheminement différent : elles résultent du travail d'une presse d'investigation qui joue, à elle seule, le rôle dévolu en France au couple constitué par le journaliste et le juge d'instruction. L'appareil judiciaire n'est pas, par conséquent, exposé : nul ne met en doute son équanimité et lorsque les « affaires » arrivent devant lui, personne ne peut voir derrière son intervention les prémisses d'une bataille frontale avec le pouvoir politique pour la conquête du leadership institutionnel. Vraie dans les grandes démocraties européennes, cette situation d'équilibre se vérifie moins aux États-Unis où, depuis l'affaire du Watergate et l'instauration du « procureur indépendant » autorisé à enquêter sur la présidence, la justice prend, au moins à ce niveau-là, une coloration politique.

Quand les juges sont conduits à se prononcer, chez nos voisins, sur d'autres sujets sensibles, tels l'application du droit du travail, les questions d'éthique ou les enjeux de morale, il le font, là aussi, sur un terrain balisé : dans le premier domaine, par les partenaires sociaux ; dans les autres, par les Églises, les lobbies d'intérêt général et la plupart des institutions. Il ne s'agit plus que de faire glisser un peu plus rapidement ou un peu moins la « plaque tectonique », en fonction de l'évolution de la société, de l'esprit des relations du travail ou de la morale ambiante. Les risques sont donc limités et la justice sort plutôt grandie grâce à son talent pour humer l'air du temps, devancer parfois une mutation qui se profile à l'horizon mais jamais la susciter *ex nihilo*.

En France, l'excès est, au contraire, certain : de la part du système judiciaire s'il brusque son environnement ; mais aussi à son égard, compte tenu du jeu à découvert qu'il est obligé de pratiquer. Sans doute prisonnier de sa gloire toute fraîche, ne mesure-t-il pas qu'il est aussi exposé que les institutions soumises, pour l'instant, à son action. Parce que l'opinion est volatile, incontrôlée, erratique, pour la justice aussi existe le risque de discrédit. Elle oublie que le temps s'est accéléré et elle ne mesure donc pas que les longues oscillations qu'elle a connues entre l'arrogance et la soumission peuvent se vivre sur un tempo beaucoup plus rapide.

Dans ce contexte instable s'élève une interrogation majeure : comment produire au mieux les règles de droit ? Dès lors qu'elles constitueront, de plus en plus, l'armature d'une société de marché, comment assurer un optimum institutionnel à partir duquel elles peuvent s'établir en majesté ? Rémanente chez Hayek et chez Popper, cette vieille interrogation philosophique retrouve une nouvelle jeunesse au contact des emportements de la démocratie d'opinion. Notre appareil législatif fonctionne-t-il, de ce point de vue, de façon satisfaisante ? Le Conseil constitutionnel, le Conseil d'État et la Cour de cassation, c'est-à-dire les trois organes producteurs de jurisprudence, remplissent-ils leur rôle de manière adéquate ? La machine judiciaire manifestet-elle, dans ses tréfonds, le sens de l'équité et le calme nécessaires à ceux qui fabriquent le droit ?

L'omnipotence de l'opinion, plus marquée qu'ailleurs, rend ces interrogations encore plus vitales. Il faudrait, en théorie, protéger les « producteurs de droit » des empiètements et des emballements de cette opinion. Ce serait le meilleur antidote face aux aléas de la situation française. Il est, en effet, inutile d'attendre davantage de sérénité et d'équilibre d'un renforcement des collectivités locales et des acteurs sociaux. Ce n'est pas demain que la France deviendra fédérale — évolution surréaliste au regard de son passé —, ni même qu'elle saura adapter à sa tradition un système voisin des autonomies espagnoles. Cela exigerait un redécoupage de son territoire et une entorse majeure au sacro-saint principe d'égalité.

Côté acteurs sociaux, aucun progrès ne se profile : le déclin des partis politiques paraît irréversible ; les effectifs des syndicats n'ont guère de chances de remonter ; la vie associative semble vouée à l'anémie et les institutions d'intérêt général, universités comprises, à l'asthénie. Sauf à endosser, avec la foi du charbonnier, les théories d'Albert Hirschmann sur la succession de cycles placés sous le signe du collectif et de l'individuel, et donc à attendre passivement le recul de l'individualisme et le retour du militantisme, la situation paraît irréversible.

Rien ne semble donc menacer, chez nous, la domination écrasante de l'opinion. Y résister exigerait d'instiller davantage de « sagesse » chez les maîtres du droit. Face aux pulsions de l'opinion et à la poussée populiste, nous n'avons aucun autre moyen à notre disposition. C'est reproduire, *mutatis mutandis*, appliqué à la démocratie d'opinion, le vieux choix de la démocratie censitaire à l'époque de la naissance du parlementarisme. Rien de très glorieux, avouons-le, même si la recherche d'un surcroît de sagesse se pare des meilleures vertus civiques. Mais qu'offrir d'autre, afin d'éviter que l'établissement des normes de droit ne soit que le pur reflet des aller-retour de l'opinion, ce substitut contemporain du prolétariat ?

Au niveau parlementaire, c'est dans toutes les démocraties à la Chambre haute d'incarner la sagesse. Encore faut-il que, pour tenir ce rôle, le Sénat échappe à son destin de grand conseil des communes de France. Une meilleure représentativité politique constitue, de ce point de vue, une condition nécessaire mais non suffisante : il faudrait aussi que les partis s'attachent à choisir leurs candidats sénateurs en fonction de leurs silhouettes de légistes sages. Du côté des juges, le Conseil d'État répond au portrait-robot, avec ce mélange qui lui est propre de tradition et de modernité, de membres issus de l'intérieur et de recrues au tour extérieur. Les nominations au Conseil constitutionnel demeurent, elles, trop aléatoires et soumises à des exigences souvent circonstancielles. Davantage de rigueur dans les choix, de la part du président de la République et des présidents des deux Assemblées, un minimum d'accord entre eux sur le profil des impétrants, de manière à assurer l'ouverture du Conseil sur la société, une exigence unanime d'éthique, de façon à ne choisir que des personnalités incontestables : est-ce trop exiger des plus hauts personnages de l'État ? Quant à la Cour de cassation, c'est non d'un manque de compétence mais d'une insuffisante ouverture sur la société dont elle souffre. Le corporatisme garantit l'expérience ; il ne fonde pas la sagesse. Mais ce diagnostic vaut à tous les niveaux de l'institution judiciaire[1]... Même avec davantage d'équité et de sérénité dans tous les rouages de l'appareil, la partie n'est pas gagnée. La puissance de l'opinion demeurera irrésistible et l'avenir imprévisible, comme en témoignent quelques scénarios, contradictoires les uns avec les autres.

*

Premier scénario : l'ascension des juges se poursuit, sans limites ni contrepoids. Elle s'exprime à tous les niveaux de la pyramide judiciaire. Renforcé par la possibilité, pour les citoyens, de dénoncer après un filtrage par une commission *ad hoc* l'inconstitutionnalité de lois déjà votées, le Conseil constitutionnel sort jurisprudence sur jurisprudence et encadre, de plus en plus strictement, le travail du législateur. Au fil des années, c'est de lui que procèdent les grandes orientations de philosophie politique et peu à peu se diffuse à la société un corpus doctrinal dont la contestation ne se manifeste que sur les franges extrêmes de l'arc-en-ciel électoral. Drapés dans leur dignité de juristes au-dessus des contingences, les membres du Conseil détestent voir leur action analysée à travers le filtre de l'idéologie. Mais à ce degré d'intervention dans la vie de la cité, ce serait, pour les autres acteurs, une tentation naturelle.

Un précipité social-libéral se concocte en réalité dans les alambics du Palais-Royal. De plus en plus libéral pour les droits de la personne, essayant de faire prévaloir, sans s'y référer, l' «*habeas corpus* européen», mais irréductiblement social, voire social-démocrate en matière

1. Cf. *infra.*

économique. Ainsi balaiera-t-il, par plusieurs arrêts de principe, les premières tentatives entreprises par un gouvernement de droite, plus tourné vers le libre jeu du marché qu'à l'accoutumée, pour ouvrir à la concurrence l'État-providence. Accroché à une conception très traditionnelle de l'égalité, il se substitue en fait au Parlement pour trancher le débat égalité-équité en faveur de la première. Quoique malmenée, la droite libérale est mal à l'aise pour contester l'intervention du Conseil, puisqu'elle s'est faite le héraut des *checks and balances* et de la régulation par le droit. Quant à la gauche classique, encore imprégnée de rousseauisme, elle devrait attaquer l'extension, de fait, des pouvoirs du Conseil, mais trop heureuse de trouver en lui un allié inattendu dans sa défense de l'« égalité à l'ancienne » et d'un « service public à la française », elle se tient coite. Peu à peu le débat politique se racornit, les partis acceptant inconsciemment le fait que certains choix sont prédéterminés par la jurisprudence constitutionnelle qui devient le substrat du « contrat républicain ».

Les autres instances judiciaires continuent, elles aussi, à avancer sans la moindre contestation. Avec pour toile de fond le passage progressif d'une économie de marché à une société de marché, le droit européen s'étend subrepticement des droits économiques aux droits de la personne. Puisque l'Union européenne passe progressivement de la libre circulation des produits à celle des individus, la Cour de Luxembourg étend sa jurisprudence à des matières qui lui étaient jusqu'alors interdites, et s'occupe des droits du citoyen, autant que de ceux du consommateur. Cette bouffée juridique, de culture anglo-saxonne, accentue la mutation de la société française vers davantage d'individualisme : elle contribue au passage, difficile pour ce vieux pays, de l'État-nation à l'individu-roi.

Le Conseil d'État, de son côté, est de plus en plus sollicité par les pouvoirs publics trop heureux de faire trancher les nœuds gordiens, même politiques, par une assemblée de « sages ». Laïcité, immigration, droits des étrangers, questions d'éthique médicale, attitude à l'égard des drogues douces : les conseillers d'État croulent sous les sollicitations et le gouvernement se satisfait, avec humilité, de cette situation, se contentant de transcrire fidèlement en décrets et arrêtés ce que le Conseil lui a suggéré.

La Cour de cassation n'est pas en reste : à défaut d'être sollicitée, à l'instar du Conseil d'État par le pouvoir exécutif, elle utilise sa jurisprudence pour piétiner sans vergogne le champ de l'exécutif. Ainsi devient-elle un acteur majeur en matière de droit social, dont elle détermine le contenu avec une précision telle que les partenaires sociaux se voient discrètement dessaisis du grain qu'ils avaient l'habitude de moudre de concert. Elle se plaît à défendre une conception de plus en plus extensive du droit pénal, à faire de la responsabilité des personnes morales un instrument supplémentaire de répression. Ainsi contribue-t-elle à accentuer l'habitude des Français de voir fleurir les procédures pénales. La Cour de justice de la République est, de son côté, saisie de dossiers si nombreux relatifs aux ministres, qu'elle se met à ressembler à une juridiction ordinaire spécialisée.

Il n'existe plus de professions dont les membres ne rencontrent régulièrement le pénal. Sauf, bien sûr, les magistrats attentifs à préserver leur irresponsabilité. Hommes politiques, chefs d'entreprise, fonctionnaires, médecins, experts fournissent leur lot quotidien de mises en examen, au point que cette procédure finit par perdre, aux yeux de l'opinion, son caractère infamant. Mais le «tout pénal» n'entraîne pas automatiquement la multiplication des détentions provisoires. Devinant, en revanche, qu'à trop abuser de ce moyen de pression, le risque deviendrait grand de braquer l'opinion, les juges d'instruction se mettent, fût-ce à leur corps défendant, à le manier avec précaution. Ils n'hésitent pas à expliquer publiquement que leur travail risque d'être de ce seul fait moins efficace, mais ils sont obligés de faire contre mauvaise fortune bon cœur. Ainsi, même dans ce scénario du «tout judiciaire», l'opinion parvient encore à envoyer, de temps à autre, un signe d'apaisement.

Avec pour toile de fond le triomphe de la justice, la situation matérielle des juges s'améliore naturellement. De gré ou de force les gouvernements successifs ont enfin accordé des moyens à une justice qu'ils détestent mais craignent. Le nombre des magistrats passe de sept mille à plus de dix mille et leurs salaires sont alignés sur la haute fonction publique; les systèmes informatiques valent ceux de la SNCF ou d'EDF; le personnel d'exécution est suffisant et les locaux sont décemment réaménagés. Mais la magistrature continue de grogner : ses moyens, sa position ont beau progresser, ils ne correspondent pas, du moins à ses yeux, au rôle essentiel que la société vient de lui conférer. Plus elle est puissante, plus elle s'autogère — le statut du parquet est, dans les faits, aligné sur les magistrats du siège —, plus elle se sent incomprise, plus elle l'exprime publiquement. Ainsi entend-on chaque jour des procureurs, des juges d'instruction, des présidents de tribunaux s'exprimer dans les médias, et sous couvert de prendre position sur des questions de justice, qui concernent désormais la société entière, faire, tel Monsieur Jourdain de la prose, de la politique. Nul ne s'en formalise : le magistrat est devenu un bon produit médiatique et certains juges, habitués des plateaux de télévision, sont de véritables vedettes. Ceux-là rêvent tous de leur modèle, le juge Di Pietro, qui a su transformer en rente politique personnelle sa réussite télévisuelle. D'ailleurs la classe politique ne s'y trompe pas qui, hier, cherchait un bain de jouvence en s'annexant, suivant l'expression attitrée, des «personnalités de la société civile» et qui, désormais, préfère le vivier judiciaire : il n'y a pas de gouvernement bien composé sans son magistrat!

Ainsi assiste-t-on sans étonnement, toujours dans ce scénario, à des débats télévisés où des juges en fonction discutent, avec sagacité, de l'hypothétique mise en examen d'un président de la République, des limites que la Constitution leur impose en la matière et des moyens qu'ils ont de s'en affranchir! L'idée d'une procédure d'*impeachment* se fait jour, au nom du principe que, dans une société de droit, nul — même le premier des Français — ne peut «être au-dessus des lois»! Société de droit, État de droit, règles de droit : ce sont les termes les plus usités du discours ambiant. Ils ont poussé vers la sortie leurs prédécesseurs : égalité, contrat républicain, intérêt général.

La presse n'a en effet pas trahi l'alliance de fer qu'elle a conclue, à la fin des années 80, avec la justice. De temps à autre, l'irritation qui lui est naturelle en face des pouvoirs trop sûrs d'eux finit par affleurer, mais pour l'essentiel, elle demeure fidèle à son pacte. Jamais les journaux n'osent une critique personnalisée d'un juge à l'instar de celles qu'ils profèrent tous les jours sur les hommes politiques ou les industriels. Jamais ils n'expriment leur avis sur les qualités de l'un, les antécédents de l'autre, au moment de leur nomination. Jamais ils ne pistent les choix idéologiques qui président à certains jugements, comme si les juges étaient des êtres éthérés, sans défaut, sans névrose, sans opinion. C'est évidemment pour les magistrats une grâce dont seuls les plus lucides d'entre eux se rendent compte : irresponsables sur les plans pénal, civil, disciplinaire, ils le sont aussi devant le plus sévère des tribunaux, les médias.

Sans l'avoir souhaité, ils deviennent, de la sorte, les instruments du populisme ambiant. Plus ils limitent la sphère du politique, plus la frustration se répand dans l'opinion à l'égard de ce dernier, plus les antiennes populistes sont écoutées. Une pincée quasi quotidienne d'antiélitisme pour faire bonne mesure, grâce à un feu roulant de mises en examen spectaculaires, et l'atmosphère n'est pas à la sérénité. Si prompts à s'exprimer au nom de l'indépendance et au profit de leur corporation, les magistrats se gardent bien de s'interroger sur le rôle politique qu'ils jouent, même sans le vouloir. Aux mots de «gouvernement des juges», ils se drapent dans leur hermine : comment ose-t-on les accuser de coup d'État clandestin? Eux, les serviteurs dévoués, les prêtres modestes de l'État de droit! La discussion, sur ce thème, s'asphyxie immédiatement. Comme les rares à porter le fer, tels Régis Debray et ses disciples, sont les derniers «républicains» (suivant leur propre terminologie), décalés par rapport aux exigences de la société de marché, leur rébellion intellectuelle semble hors d'âge. Ni les libéraux de droite ni les libéraux de gauche n'arrivent à surmonter la contradiction entre leurs conceptions idéologiques en faveur du renforcement du droit et des juges et une réalité qui heurte leur instinct libertaire mais dont ils ont peur de dévoiler les ressorts.

Un jour, toujours dans notre scénario fiction, un intellectuel incontesté essaie de prendre le sujet de front avec une libre opinion à la une du *Monde*, au titre provocant : «Le nouveau totalitarisme». Passé à tabac par ses pairs, il y laisse son crédit et ne se relève pas de l'excommunication douce que les élites, avec un plaisir caché, décrètent à son endroit. Interrogé à propos de l'auteur de cet article, le premier président de la Cour de cassation en fonction à ce moment-là répond avec le talent politique qu'exigent désormais de telles fonctions : «Nous l'avions autrefois tant admiré...»

Et pourtant, cet intellectuel imaginaire aurait sans doute raison. Poussé jusqu'à l'extrême, manipulé par une corporation judiciaire avide de pouvoir et de revanche, humiliant au-delà de l'acceptable les élus du suffrage universel, ne connaissant d'autres limites que celles qu'il daigne s'imposer à lui-même, l'État de droit peut avoir paradoxalement un parfum de totalitarisme paisible. Tel est donc le premier scénario, sans doute le plus probable.

*

Le scénario inverse exige, lui, pour se réaliser un événement, un bouleversement ou une inflexion inattendue. Autant l'hypothèse du «gouvernement des juges» est aisée à imaginer, puisqu'elle suit la ligne de plus grande pente dans la France contemporaine, autant l'abaissement brutal du pouvoir des juges exige un épisode «thermidorien». Celui-ci suppose qu'à un moment l'opinion bascule non dans la lassitude comme en Italie à la fin de la période *mani pulite,* mais dans l'hostilité. Brûler ce qu'elle a adoré ne lui est pas étranger. Encore lui faut-il un prétexte. Ce ne peut être qu'une révolte, face à un abus de pouvoir scandaleux de la part des juges. La déconfiture d'un juge d'instruction emblématique se fourvoyant au vu et au su de tous ? Le suicide, en prison, d'une figure nationale clouée au pilori par une « instruction à la française » ? La mise en cause, d'une manière inconsidérée, du président de la République, alors que le pays est viscéralement légitimiste et attaché à la fonction présidentielle ? Une série de débordements ou d'excès, moins visibles un à un, mais dont l'accumulation peut créer un sentiment violent d'hostilité à la justice ? Le déclic ne suffira sans doute pas.

La rébellion de l'opinion ne peut se produire après un incident de cet ordre que si le pouvoir judiciaire ne fait pas amende honorable mais redouble d'arrogance et de certitude, retrouvant son comportement suicidaire d'il y a deux siècles. C'est si, et seulement si, il répond à ses propres abus de pouvoir en réclamant davantage encore d'influence et d'autonomie, donc en s'enfonçant dans un corporatisme primaire, que le monde judiciaire attirera la foudre. Un tel enchaînement d'erreurs et de faux pas est-il plausible, au point de chauffer à blanc l'opinion et de permettre au système politique de s'engouffrer dans la brèche ? Aujourd'hui, un spasme de cette ampleur paraît illusoire, même si à propos des « affaires » l'opinion semble commencer à se lasser. C'est la seule explication de sa mansuétude relative à l'égard de Roland Dumas : il est probablement le premier à bénéficier d'un insaisissable changement de l'air du temps. Nous sommes peut-être à la veille d'une fatigue « à l'italienne », non de l'ouverture de la chasse aux juges... Mais au nom du principe qu'en histoire «il ne faut jamais dire jamais», jouons avec le scénario thermidorien.

En haut de l'échelle, il passe par une réforme constitutionnelle changeant le préambule de la Constitution et à travers lui tout l'échafaudage sur lequel le Conseil constitutionnel a bâti sa jurisprudence et son pouvoir. Une partie importante de l'échiquier politique envisage ouvertement une telle *diminutio capitis*: elle se recrute autant à droite qu'à gauche, parmi les zélotes de la souveraineté nationale traditionnelle. Elle pousse jusqu'à l'extrême l'attitude, pendant l'été 1993, du gouvernement Balladur proposant une réforme constitutionnelle, afin de tourner le veto du Conseil relatif à la loi Pasqua sur l'immigration. De façon plus chafouine et afin de ne pas réécrire tout le préambule, la démarche peut consister à faire désavouer, plusieurs fois de suite, le Conseil par des réformes constitutionnelles ponctuelles, en espérant le pousser ainsi à l'autocensure. De ce point de vue, les modifications à répétition de la Constitution ont récemment contribué à désacraliser le texte et donc à ouvrir une telle voie aux «souverainistes».

Du côté des juges européens, la partie est encore plus délicate à mener. Il est plus facile d'utiliser le marteau-pilon des réformes constitutionnelles que d'échapper aux obligations que nous impose la construction européenne. Il est difficile d'imaginer un affrontement du type de la «chaise vide» à l'époque du général de Gaulle. Quant à la décision que prendrait l'État de ne pas appliquer des arrêts de la Cour de Luxembourg, elle ne peut que s'inscrire dans une volonté de casser l'horlogerie de la construction européenne, euro compris. Seule une configuration politique heureusement improbable — une coalition des extrêmes et des nationalistes de tous bords — pourrait y conduire : le scénario passe là du mauvais rêve au cauchemar. Vis-à-vis du Conseil d'État, la partie est en revanche plus aisée pour les adversaires du règne du droit : c'est par son poids et sa tradition qu'il déborde ses attributions légales. Une lecture rigide et hostile des textes peut peut-être suffire pour l'amener à résipiscence, encore qu'ayant résisté au général de Gaulle, il est de taille à affronter maints orages.

La contre-révolution est beaucoup plus compliquée du côté de l'appareil judiciaire. Elle suppose une posture de guerre à l'égard du monde judiciaire. Il existe, en théorie, deux manières de mettre fin à la configuration inventée par les magistrats et suivant laquelle l'indépendance et le corporatisme ne peuvent qu'avancer de concert. La première viserait à préserver l'indépendance, y compris vis-à-vis du corporatisme : ce serait naturellement la bonne. La seconde, radicale et contre-révolutionnaire, chercherait à mettre à bas les deux. C'est cette voie-là qui, dans notre scénario, se serait imposée : ceux qui s'acharnent à restaurer la primauté du politique détestent plus encore l'indépendance que le corporatisme. Il faut néanmoins de l'imagination pour croire à un processus qui exigerait tout à trac une réforme constitutionnelle afin de transformer le statut de la magistrature et restituer à l'exécutif le pouvoir de nomination, un bouleversement de la hiérarchie judiciaire digne des épurations que le corps a connues dans le passé, un rétablissement de l'autorité de la Chancellerie, la réapparition du droit d'intervention dans les dossiers individuels, l'abaissement des juges d'instruction... De même, dans ce scénario, le législateur devrait-il changer ses habitudes, de manière que, plus précise et plus autoritaire, la loi serre au plus près la liberté jurisprudentielle. Dans ce chamboulement destiné à restaurer le pouvoir régalien du politique, les autorités indépendantes seraient, elles aussi, amputées de leur pouvoir. Ainsi l'État en majesté ressusciterait-il, ramenant l'autorité judiciaire et le droit au rang que leur avait assigné la tradition républicaine, c'est-à-dire subalterne.

Énoncé dans ses détails, le scénario de la contre-révolution apparaît surréaliste. Il suppose un bouleversement de l'édifice institutionnel aussi important que le passage de la IVe à la Ve République. C'est dire que les foucades de l'opinion ne suffiront pas à le provoquer, même si elle est bouleversée jusqu'au tréfonds par certains événements. La contre-révolution judiciaire ne peut constituer qu'une des manifestations d'un séisme plus vaste, dont on devine les contours : l'apparition d'un pouvoir à la lisière de la démocratie, un éloignement par rapport à l'Union européenne — fût-ce à n'importe quel prix, compte tenu des difficultés pratiques —, l'instauration d'un exécutif autoritaire, la victoire donc de la lignée politique qui, de Charles X à Vichy, s'est perpétuée tout au long des XIXe et XXe siècles.

C'est au fond la preuve par l'absurde du triomphe de la justice : sa mise au pas passerait désormais par l'abaissement de la démocratie. Ainsi peut-elle prétendre qu'à l'inverse son ascension va de pair avec celle de la démocratie. Ce ne sont plus seulement indépendance et corporatisme qui riment mais démocratie, indépendance et corporatisme qui sont devenus inséparables. Les juges peuvent de ce fait penser que leur élévation est irréversible et qu'en matière d'autonomie du pouvoir judiciaire, il existe un phénomène de cliquet : ce qui est pris est pris, le reste est négociable.

La tentation est grande pour eux de se croire à l'abri

de tout mouvement «contre-révolutionnaire». Si une vague thermidorienne (pour filer la même métaphore) est donc exclue, sauf drame national, le monde judiciaire n'est pas à l'abri de défaites ponctuelles. Autant un recul qui irait de la réduction des pouvoirs du Conseil constitutionnel à la mise sous tutelle des «petits juges» est improbable, autant l'opinion peut, sur tel ou tel point, imposer un retrait à la justice. Impossible de prédire le maillon qui risque de craquer. Une rébellion du monde politique contre la tutelle des sages du Palais-Royal, une bouffée d'énervement du Parlement vis-à-vis de la créativité jurisprudentielle des magistrats, un bras de fer avec la Cour de Luxembourg, une révolte contre l'irrésistible ascension du pénal, une rebuffade institutionnelle à l'égard des juges d'instruction ? Le front peut lâcher à tel ou tel endroit, sans que le reste de la ligne soit atteint. Les rousseauistes et autres partisans de l'État traditionnel s'en réjouiront, mais ce sera sans doute, pour eux, une victoire à la Pyrrhus, limitée et illusoire. Elle pourra ébrécher le triomphe du droit, elle ne l'effacera pas.

N'existe-t-il dès lors que deux scénarios : une ascension sans frein du pouvoir judiciaire ou une progression tempérée de-ci de-là par d'imprévisibles volte-face, irréfléchies et donc vaines, voire dangereuses ? Ce serait faire fi d'une troisième hypothèse, naturellement la plus saine : la capacité de la société française à faire preuve de réformisme, au lieu de fantasmer sur un aléatoire «grand soir». Un tel réformisme consisterait, lui, à garantir à la justice le rôle pivot qui doit être le sien dans une société de marché, tout en évitant les excès d'un corporatisme débridé et l'arrogance institutionnelle. Notre pays qui préfère la révolution aux réformes sera-t-il capable d'échapper, pour une fois, à son tempérament ? La nouveauté de la matière, la spécificité du débat judiciaire nous laissent, peut-être, une chance.

*

À quelles tables de la loi s'accroche une telle démarche ? Offrir à la France un État de droit aussi incontesté que chez la plupart de nos partenaires : c'est la moindre des choses. Permettre aux citoyens de profiter du triomphe du droit : c'est l'évidence. Mettre fin à la tautologie « indépendance égale corporatisme » : la justice ne peut régner sur la société qu'en étant ouverte vis-à-vis d'elle. Enserrer enfin ce nouveau pouvoir, en passe de devenir le premier, dans un jeu de contre-pouvoirs : comment accepter que, née d'une vision libérale des institutions, la justice puisse échapper aux équilibres qu'elle est supposée garantir ? Mais si la feuille de route du réformisme est aisée à établir, quelles sont les forces qui s'en feront les vecteurs ? L'opinion, nous répond naturellement l'écho, de la même manière qu'il nous aurait indiqué il y a vingt-cinq ans les classes moyennes, et il y a un siècle le prolétariat. L'opinion est intelligente ; elle sait tout, comprend tout, anticipe tout. Tel est le paradigme à la mode dans une société médiatique : rien n'est en effet plus rassurant pour les médias, compte tenu des effets de miroirs entre l'opinion et eux.

La vie, prise sous cet angle, serait trop commode. Postuler l'intelligence spontanée de l'opinion est la manière contemporaine de croire aux lendemains qui chantent. Celle-ci adoptera-t-elle spontanément une posture réformiste ? C'est peu probable. Sans doute n'ira-t-elle dans cette direction que nourrie par un intense débat qui, lui-même, ne se développera qu'à l'instigation des élites. Or elles sont, à ce jour, encore loin de l'engager. Le «judiciairement correct» écrase leurs réflexions, même si deci de-là de premières escarmouches se produisent, limitées exclusivement à la contestation de la détention provisoire. Quand les classes dirigeantes se libéreront du paradigme «indépendance égale corporatisme», elles commenceront à entamer une réflexion collective à partir de laquelle l'opinion finira par bouger. À l'inverse des préjugés que véhicule le populisme sur le sens inné qu'auraient le peuple et donc l'opinion de tomber toujours juste, l'expérience prouve que ceux-ci finissent par s'orienter dans une direction raisonnable après avoir été informés par les élites. Élitisme primaire, crieront d'aucuns. Mais pourquoi l'opinion a-t-elle accepté, en 1993, une réforme des retraites que jusqu'alors elle proscrivait? Pourquoi a-t-elle fini par admettre, deux ans plus tard, le principe d'une transformation de l'assurance-maladie qui la hérissait? Parce que gavée de «livres blancs», de débats publics, d'innombrables interventions, elle a pris la mesure des enjeux.

Certes, dans ces deux exemples, le pilonnage était binaire : agir ou faire faillite. Vis-à-vis de la justice, rien n'est aussi limpide. Pour l'instant le manichéisme prévaut : c'est le «judiciairement correct». Demain, celui-ci cédera au mieux la place au doute, mais aucun message clair et univoque ne sera encore adressé au pays. Ce n'est qu'au terme d'une longue maïeutique que les éléments de réflexion pourront se mettre en place, telles les pièces d'un puzzle avec, en ligne de mire, le rêve réformiste. Faisons un instant comme si l'opinion y était parvenue.

Le parachèvement de l'État de droit, tel est donc, dans cette hypothèse, l'objectif le plus urgent. Il passe, nous le savons, par des évidences : la présence de l'avocat dès le début d'une garde à vue; un mécanisme d'informations publiques et contradictoires pendant les instructions et non un illusoire rétablissement, à coups de sanctions, du secret de l'instruction; une définition beaucoup plus restrictive des conditions de la détention provisoire, de manière à obliger le système judiciaire à adopter en la matière une jurisprudence libérale; l'utilisation systématique par le parquet de son droit d'appel face à des incarcérations douteuses; la séparation des fonctions d'instruction et de la décision d'incarcération, soit à travers un système de collégialité de l'instruction, soit en confiant à un juge spécialisé la responsabilité d'émettre les mandats de dépôt; l'instauration d'une procédure d'appel pour les jugements d'assises; l'obligation de publicité pour les non-lieux, non dans les mêmes proportions que la publication des mises en examen, ce qui serait illusoire, mais d'une manière suffisamment visible pour effacer, autant que possible, les stigmates médiatiques.

Sur ce terrain-là, tout a été dit et redit, et les contre-arguments sont de peu de poids, sauf la référence obsessionnelle à la faiblesse des moyens matériels et financiers de la justice. Mais c'est là un faux débat, car le réformisme exigera, en contrepartie des sacrifices imposés à la corporation, un effort budgétaire dont l'ampleur ne dépassera pas, chacun le sait, quelques milliards, c'est-à-dire la marge d'erreur du budget de l'Éducation ou de la Défense. Cet alibi abandonné, il ne reste comme objections que les sempiternelles sornettes de ceux qui veulent instruire, juger, agir, suivant les traditions de l'institution. Ce sont les «monseigneur Lefebvre» de l'épiscopat judiciaire qui prennent, suivis par le « bas clergé » de la magistrature, cette posture conservatrice.

Mais l'amélioration de la procédure pénale, l'instauration de dispositifs plus libéraux ne suffiront pas à faire de la France le meilleur élève de la classe, en termes de droits individuels. Il faut chasser partout les miasmes de l'autoritarisme. Autoritarisme, les excès de la procédure fiscale, et en particulier la rétroactivité des lois fiscales : rien ne s'oppose à ce que le législateur détermine en octobre 1999 les impôts applicables sur les revenus de l'an 2000, et non sur les revenus de 1999. Rien, sauf le confort du ministère des Finances qui ne veut pas renoncer aux souplesses, fussent-elles abusives, qu'il s'est de la sorte offertes. Rien ne s'oppose non plus à un meilleur encadrement des investigations fiscales, et en particulier de l'« abus de droit ». Rien, sauf le sentiment qu'éprouve la Direction générale des impôts d'avoir affaire à des contribuables de plus en plus avisés, donc de plus en plus retors, qu'elle estime ne pouvoir combattre qu'avec des instruments peu conformes aux exigences de l'équité.

Autoritarisme, toujours, l'existence de tribunaux spécialisés, ultime vestige des juridictions d'exception. Autoritarisme, à l'évidence, la persistance de procédures d'exception, même écornées, comme le secret défense ou la législation sur les écoutes. Autoritarisme, au profit du CSA, de la COB et autres institutions en gestation, la persistance de procédures empiriques vis-à-vis des justiciables qui aboutissent à mélanger sans vergogne les rôles du ministère public, du juge d'instruction et du tribunal.

Et encore cet inventaire à la Prévert des anomalies françaises n'est-il pas exhaustif. Pourquoi un gouvernement d'esprit réformiste et libéral ne commanderait-il pas un livre blanc à une commission dans laquelle la magistrature serait naturellement représentée, mais non dominante, et dont la feuille de route serait d'une extrême simplicité : recenser les procédures juridiques qui aboutissent, sur le plan de l'équité, à moins bien traiter les justiciables français que ne peuvent l'être leurs alter ego dans les autres grandes démocraties occidentales? Il serait passionnant de mesurer notre degré de libéralisme à travers ce que les industriels nomment sagacement un *bench-marking*, c'est-à-dire une comparaison avec les entreprises, et dans le cas d'espèce, les pays les plus semblables. Sans doute l'opinion serait-elle interloquée de découvrir que, sur l'échelle des libertés individuelles, et nonobstant la rhétorique des droits de l'homme, la France se situe dans un rang médiocre. Cela la pousserait-elle à une revendication libertaire? Ou les chromosomes répressifs qu'elle porte en elle demeureraient-ils les plus forts?

Nul ne le sait, mais c'est la seule voie possible : un aggiornamento libertaire ne peut se conduire dans l'opacité. Les pouvoirs publics peuvent certes corriger ponctuellement une anomalie criante, par exemple l'absence d'appel pour les jugements d'assises. Mais si leur projet est plus vaste — faire du triomphe du droit l'occasion d'un épanouissement des libertés individuelles —, ils doivent afficher haut et clair l'objectif, aider l'opinion à mesurer les enjeux, alimenter le débat collectif et, à la fin d'une longue maturation, proposer un dispositif législatif aussi ambitieux que celui constitué il y a un siècle par les grandes lois libérales de la IIIe République. Ce serait une belle manière d'ouvrir le millénaire...

Établir l'indépendance de la justice sans passer sous

les fourches caudines du corporatisme : telle devrait être l'autre grande ambition de nos réformateurs. Le premier antidote au corporatisme est naturellement d'ouvrir la magistrature sur la société. Aucune autre fonction collective n'a à un tel point besoin de vivre en osmose avec le pays, et aucune ne fonctionne à ce degré, en autarcie. Pourquoi la magistrature serait-elle à jamais un corps fermé sur le monde extérieur ? Pourquoi, à côté du recrutement de base par l'École nationale de la magistrature, des voies parallèles ne seraient-elles pas ouvertes à tous les niveaux de l'institution ? Celles qui aujourd'hui existent aboutissent, chacun le sait et nul ne veut l'avouer, à un recrutement, sauf exceptions individuelles, de niveau moyen. Il s'agit de les rehausser et surtout de les développer de la base au sommet. Pourquoi les mécanismes en vigueur au Conseil d'État, avec un tour extérieur ouvert aux fonctionnaires et des nominations à titre extraordinaire, destinés à drainer les talents les plus divers, ne seraient-ils pas instaurés dans les grandes cours d'appel et à la Cour de cassation ? Pourquoi des magistrats ne pourraient-ils pas être nommés pour des périodes temporaires, à l'instar des professeurs associés dans les universités ? Pourquoi un professeur de droit n'accéderait-il pas, pour cinq ans, à un poste de procureur, de juge d'instruction ou de membre d'une cour d'appel ? Pourquoi un chef d'entreprise qui vient de prendre sa retraite à soixante ans ne deviendrait-il pas membre de la chambre commerciale de la Cour de cassation, comme il peut aujourd'hui l'être de la Commission de privatisation ? Pourquoi un syndicaliste de haute volée ne serait-il pas nommé juge dans le domaine social ? Pourquoi, à l'inverse, des magistrats ne pourraient-ils pas être détachés pour quelques années comme professeurs d'université, diplomates, voire, avec quelques précautions déontologiques, dans des organismes d'intérêt général ou des entreprises?

D'aucuns argueront du contre-exemple que constituent les tribunaux de commerce, lesquels souffrent de l'absence de juges professionnels en leur sein; mais entre le caractère exclusivement «amateur» de la juridiction consulaire et la fermeture complète de la magistrature, il existe un juste milieu. La difficulté d'acquérir rapidement le bagage technique? C'est le cas pour toutes les nominations non corporatistes : on suppose un syndicaliste, devenu membre du Comité de politique monétaire, capable de se familiariser en quelques mois avec les arcanes de la politique monétaire; il aurait toutes chances, une fois désigné à la chambre sociale de la Cour de cassation, de s'adapter avec davantage de facilité. Le principe de l'indépendance serait-il incompatible avec la présence, pour une durée limitée, dans la magistrature? Dans les pays dont le système judiciaire est ouvert sur la société, la question ne se pose même pas et la justice est au moins aussi indépendante que chez nous. Ce contre-argument-là est un «marqueur» (comme il existe des marqueurs chimiques) du corporatisme. La fluidité entre la magistrature et la société civile sera enfin d'autant plus aisée que la situation matérielle des magistrats aura été revalorisée. Aussi longtemps qu'ils représenteront une haute fonction publique de deuxième rang, les personnalités qui auraient pu être tentées par une période de détachement dans les instances judiciaires risquent de se tourner vers d'autres cieux. Mais comment imaginer qu'une réforme de cette ampleur bute, sauf arrière-pensée ou mauvaise volonté, sur les quelques centaines de millions de francs qui permettraient de fixer à un niveau supérieur la rémunération des juges ?

Une telle dynamique d'ouverture protégerait la justice contre son démon corporatiste, bien davantage que de limiter la présence des magistrats au Conseil supérieur de la magistrature à la majorité moins une voix... Car même avec un tel dosage, cet organisme demeure, lui, marqué au coin du corporatisme. Il céderait d'autant moins à ses réflexes naturels que ses ouailles ne se limiteraient plus aux membres du corps. Traiter de cas atypiques, de parcours inattendus, de départs puis de retours de magistrats l'obligerait à sortir des sentiers battus. La fonction crée, comme toujours, l'organe : même si sa composition demeure conformiste, son rôle changerait et l'esprit de ses membres finirait même par se transformer. Inutile, dès lors, de mener de vains combats à propos de la nomination des membres du Conseil supérieur de la magistrature et de l'étendue de leurs pouvoirs : le réalisme exige de prendre les textes tels qu'ils sont. Même si les pouvoirs publics ont résisté aux surenchères les plus extrêmes, ils ont cédé au « judiciairement correct », en donnant au Conseil supérieur de la magistrature un veto corporatiste sur la nomination des membres du parquet. Au nom du « théorème du cliquet » — tout geste fait au nom de l'indépendance est irréversible —, les réformistes doivent s'accommoder d'un système qui verra la corporation prendre progressivement en charge la gestion des magistrats du parquet, à l'instar de ceux du siège. Mais puisque les verrous statutaires ne cessent de se renforcer, le besoin est encore plus vif d'aérer le corps judiciaire et de l'ouvrir sur les forces vives de la société.

Le corporatisme commence, nous le savons, avec

l'affirmation de l'irresponsabilité des membres du corps ; il se développe lorsque aucun mécanisme ne permet d'apprécier, à dates régulières, leur capacité professionnelle. Dans la situation actuelle, la magistrature française vit, nous l'avons dit, dans un cocon douillet : elle est à l'abri de poursuites pénales et civiles, et le risque de sanctions disciplinaires est ténu. Et le «permis de juger», décerné aux magistrats quand ils ont vingt-cinq ans, est valable pour toute leur vie professionnelle. Contrepartie d'un pouvoir de plus en plus arrogant, les juges doivent devenir responsables. Aussi longtemps qu'ils ne le seront pas, ils ne pourront prétendre que l'ascension de la justice incarne la démocratie en marche. Il n'existe pas de pouvoir sans responsabilité : tel est le ressort de la démocratie. Y déroger, c'est la nier. Les juges devraient être conscients du fait qu'à long terme ils seront minés par l'irresponsabilité. Quelle gloire ne serait-elle pas la leur s'ils étaient les premiers à souhaiter la disparition de ce privilège? Pour une part, cela ne dépend d'ailleurs que d'eux. Il suffirait que la Cour de cassation inverse sa jurisprudence en matière de responsabilité pénale, et que le Conseil supérieur de la magistrature assume, avec vigueur, ses pouvoirs disciplinaires et réexamine, au moment des nominations, la capacité professionnelle des postulants.

Si tel n'est pas le cas, donc si les juges s'accrochent à leur privilège, comme n'importe quelle corporation à ses droits historiques — les chasseurs aux périodes traditionnelles de chasse, les notaires au statut d'officier ministériel ou les pilotes d'Air France au pilotage à trois des Airbus —, c'est au législateur de les ramener dans le droit commun démocratique. Qu'une loi mette fin à l'ambiguïté sur la responsabilité pénale, interdise, sur ce plan, à la Cour de cassation toute voie de traverse, et suivant des mécanismes *ad hoc*, destinés à tenir compte de la spécificité de la situation, fasse en sorte qu'au même titre que les ministres, les hauts fonctionnaires, les chefs d'entreprise et tous les citoyens à l'exception du président de la République, les juges soient enfin responsables ! Ils sont aujourd'hui comme des prêtres en charge d'écouter les confessions, d'absoudre les péchés, mais autorisés, eux, à se vautrer dans la débauche ! Situation intolérable à terme.

Touchant la responsabilité civile, la situation est ambiguë : elle dépend de la volonté de l'État de se retourner, le cas échéant, contre ses fonctionnaires. À lui de se comporter à l'égard des juges comme il le fait à l'endroit de ses autres serviteurs : sans indulgence particulière, ni passe-droit clandestin. En matière de responsabilité disciplinaire, l'expérience vient de montrer, à propos des projets d'Élisabeth Guigou, l'émotivité de la corporation : elle a réagi comme les médecins face à la perspective du reversement d'honoraires ou les salariés d'EDF face à une hypothétique évolution de leur statut. Le corporatisme à l'état pur ! C'est la mesure de l'aveuglement de la magistrature. Elle ne comprend pas qu'elle ne pourra éternellement se satisfaire d'une stratégie de chauve-souris. Voyez mon pelage : je suis la démocratie en action. Voyez mes plumes : je suis une corporation comme une autre. Puisqu'il est impossible de remettre en cause le rôle exclusif du Conseil supérieur de la magistrature en matière de sanctions professionnelles, sous peine d'être accusé d'attenter à l'indépendance, une loi devrait définir de façon plus stricte les motifs mettant en jeu la responsabilité disciplinaire et les sanctions correspondantes, de façon à baliser la jurisprudence du CSM.

De même, nonobstant les cris effarouchés des intéressés, une loi devrait-elle autoriser les justiciables à se plaindre, devant une instance composée de magistrats, du comportement de tel ou tel d'entre eux. On a entendu, quand une telle idée fut avancée, les hurlements de la corporation : l'autorité de la justice serait annihilée si les justiciables pouvaient, *horresco referens*, se plaindre de leurs juges ! Balivernes ! Encore les juges devraient-ils se réjouir qu'une telle procédure confère à une commission composée de leurs pairs, donc exclusivement corporatiste, le pouvoir de classer les récriminations ou de les transmettre au CSM. Confier l'initiative des poursuites disciplinaires au seul garde des Sceaux est le meilleur moyen de laisser tomber en quenouille le dispositif de sanctions. Dans le climat de suspicion qui entoure les hommes politiques, le ministre de la Justice est naturellement tenu en laisse : il ne peut intervenir qu'à propos des excès les plus ostensiblement scandaleux. Il faut, pour qu'une régulation minimale fonctionne, une autre voie : y en a-t-il de meilleure que les justiciables eux-mêmes sous le contrôle d'une instance judiciaire ? Si les magistrats s'acharnent à refuser toute forme de responsabilité, outre l'illégitimité qui, à la longue, les frappera, ils feront face à une mise en cause à laquelle ils ne s'attendent pas de la part de leurs alliés, les médias. Ce sont ces derniers, véritables sismographes de l'opinion, qui traduiront, de la sorte, le changement de climat. Un jour, les juges connaîtront dans la presse le sort qui est aujourd'hui celui de leurs clients favoris, responsables et politiques de toutes obédiences. Ils n'imaginent pas de lire sur six colonnes : « Les procédures contestables du juge X», «Le juge Y récidive», ou «Encore une injustice du juge Z». S'ils veulent échapper éternellement à toute forme de responsabilité, ils seront rattrapés par les médias. Telle est la loi d'airain de la démocratie d'opinion; le pacte aujourd'hui en vigueur entre les juges et les journalistes peut simplement retarder l'échéance.

Une magistrature en osmose avec la société, des mécanismes lisibles de responsabilité, des droits nouveaux pour les justiciables : ce sont de premières réponses aux risques d'excès de pouvoir de la part des juges. Mais l'indépendance du pouvoir judiciaire doit aussi s'insérer dans un jeu complexe d'équilibres. Il en va des pouvoirs exécutif, législatif, judiciaire, auxquels s'ajoute désormais un quatrième, le médiatique, comme des grandes puissances au XIXe siècle : leur propre intérêt est d'éviter tout déséquilibre au profit de l'un d'entre eux, sous peine de voir l'ensemble déstabilisé. Aujourd'hui l'univers judiciaire est dans la situation de l'Allemagne bismarckienne : il risque d'être entraîné, au-delà de ses intentions, à empiéter sur les positions des uns et des autres. Il n'existe, à certains égards, qu'une seule réponse : l'autorestriction. De même que Bismarck décida, après Sadowa en 1866, de ne pas pénétrer sur le territoire d'une Autriche qu'il venait de battre, par peur de détruire l'Empire des Habsbourg, et par ricochet de voir la Prusse déstabilisée, le pouvoir judiciaire doit s'autolimiter, parce qu'il est le plus fort.

Autolimitation : une attitude prudente de la part du Conseil constitutionnel, de façon à éviter l'accusation de «gouvernement des juges», c'est-à-dire une pratique jurisprudentielle protectrice des droits individuels, mais respectueuse du libre choix des politiques en matière économique et sociale.

Autolimitation : une relative modération de la part des tribunaux, et en ultime ressort de la Cour de cassation, quand ils sont appelés à intervenir sur des terrains jusqu'alors monopolisés par le pouvoir exécutif : les plans sociaux, les questions d'éthique, la réglementation de l'environnement et les mille autres sujets où la jurisprudence se substitue à l'administration. À eux de laisser respirer le Parlement et le gouvernement et de protéger, par leur propre retenue, les prés carrés du législatif et de l'exécutif.

Autolimitation : une utilisation des procédures pénales, en particulier vis-à-vis des responsables politiques, qui corresponde aux missions fonctionnelles de la justice et non à un messianisme aux tonalités rédemptrices, qui risque d'alimenter les pulsions populistes de l'opinion.

Autolimitation : une pratique tempérée du corporatisme de manière à ne pas faire de la justice un pouvoir extraterritorial qui, sous couvert de faire régner le droit, finit par atteindre la démocratie.

Autolimitation : une relation normale avec les médias, faite de coopération et de méfiance, et non la perpétuation d'une attitude qui, sous couvert de faire gager l'indépendance des juges par l'opinion, brutalise l'*habeas corpus*.

Dans ce jeu à quatre, l'alliance du pouvoir judiciaire et du pouvoir médiatique est aussi déstabilisante pour les deux autres que l'aurait été, pour demeurer dans notre métaphore diplomatique, un pacte germano-russe. Résister à sa propre puissance n'est pas une posture naturelle. Lorsque Bismarck se retira, l'Allemagne ne parvint plus à maîtriser son instinct de domination.

Peut-on espérer durablement d'un pouvoir qu'il sache se modérer ? C'est exiger de ses membres, en particulier les plus élevés, un ensemble de qualités qui relèvent d'une improbable configuration astrale : l'intelligence des situations, la prudence dans les attitudes, le doigté dans les rapports de forces, le refus de l'arrogance... On peut attendre un tel miracle chez un individu, plus rarement de la part d'une institution. Tel est le défi auquel est confronté le monde judiciaire.

La partie se joue donc entre les mouvements de l'opinion et la capacité de la justice à se dominer, deux facteurs, l'un et l'autre, aléatoires. C'est de leurs évolutions croisées que tombera le verdict, pour le meilleur ou pour le pire.

CONCLUSION

La France s'ennuie une nouvelle fois. Son destin économique est balisé : province de l'Europe, canton du monde, elle ne peut qu'en suivre les pulsions. Son équilibre social est paradoxal mais stable : taraudée par un chômage massif, elle sait en atténuer les menaces. Son jeu politique est figé : les différences semblent ténues entre une social-démocratie classée à gauche et un social-corporatisme ancré à droite, au risque d'alimenter, aux deux extrêmes, des dissidences populistes. Son système de valeurs se banalise : la culture de sa jeunesse s'aligne sur un modèle d'essence américaine, bariolé aux couleurs du cosmopolitisme. Sa société se fixe, comme ses semblables, sur l'horloge du marché et son État supporte mal les dépossessions qui lui sont quotidiennement imposées. Son humeur reflète davantage les grands courants psychologiques mondiaux que les manifestations de sa traditionnelle hypocondrie. La France, en un mot, se banalise : ceux qui se repaissent de son « exception » oscillent entre la nostalgie réactionnaire et la fantasmagorie jacobine.

Derrière ce décor figé, une révolution s'avance masquée. Elle est en train de changer subrepticement les termes du contrat que la France avait conclu avec la démocratie : la souveraineté passe discrètement du peuple au droit, la légitimité de l'administration au juge, le pouvoir de l'État à la justice. L'opinion — cette «sottise en action» aux yeux de Julien Green ou cette «reine du monde» suivant Goethe — applaudit, un peu comme les badauds du Palais-Royal le 15 juillet 1789 apprenant la prise de la Bastille, et forts de son soutien, les juges avancent. Ils scandent désormais la vie du pays : l'idéologie ambiante est la leur, la révérence va vers eux et ils poussent même le souci du public jusqu'à avoir ouvert un nouveau théâtre qui ne fait jamais relâche : les affaires.

Quel meilleur rideau de fumée pour s'emparer discrètement du pouvoir que d'offrir au pays la plus passionnante des distractions ! Que le triomphe du droit n'assure pas l'établissement de l'État de droit, peu importe ! Que les maîtres du moment, les magistrats, n'aient pas une histoire à la mesure de leur ambition : péripétie ! Que, sous couvert d'un mythe, l'indépendance, une corporation s'empare du pouvoir, comme rarement une coterie a su le faire sous l'Ancien Régime : billevesées ! Que les termes de cette Constitution clandestine n'aient pas été élucidés devant les Français : calomnie ! Les révolutions classiques s'annoncent à coups de cymbales, mais une fois l'émotion passée, la société émerge, granitique et inchangée. Celle-ci a bouleversé la tradition : la surface est calme, la «passion révolutionnaire» absente, mais les courants profonds.

De là un sentiment inattendu de perplexité, mais aussi d'inquiétude. Ce n'est pas une partie secondaire qui se joue. Elle est, pour nous, autrement vitale que nos querelles de clocher sur la liste des privatisations ou le taux marginal de l'impôt. La démocratie et, à travers elle, l'exercice quotidien des droits individuels, sont en jeu. Or la tradition ne nous offre aucune clef d'interprétation, l'Histoire aucun outil d'analyse. Il n'existe pas, pour une fois, de précédent. Nous vivons peut-être l'étape ultime de notre banalisation, avec à l'arrivée une société de marché et une démocratie d'opinion semblables à celles de tous les pays occidentaux. Le Français y perdra ses illusions de « grande nation », mais il y gagnera des libertés nouvelles. Ce peut être aussi l'instillation d'un totalitarisme douillet et confortable, avec une énorme machine à fabriquer du droit, nous offrant à long terme le choix entre la passivité inconsciente et la révolution imprévue.

Plus nous serons dupes des événements qui s'enchaînent les uns les autres, plus nous serons des objets et non des sujets de l'Histoire. Le triomphe du droit ressemblera alors à une victoire à la Pyrrhus : en apparence définitive, en réalité fragile. Si nous essayons au contraire de maîtriser cette révolution, d'en détourner les courants, de les infléchir sur la durée, si nous faisons, en d'autres termes, notre devoir, la France gagnera en maturité et la justice y jouera le même rôle cardinal et transparent qu'ailleurs. Condorcet aura-t-il métaphoriquement le pas sur Robespierre ? L'Histoire ayant, répétons-le après Marx, plus d'imagination que les hommes, rien n'est écrit.

GLOSSAIRE

Les définitions suivantes sont extraites du guide *Les 200 mots clés de la Justice* publié par le ministère de la Justice.

Accusatoire : se dit d'une procédure dans laquelle les parties (le demandeur et le défendeur) ont principalement l'initiative du déclenchement du procès et de son déroulement (administration des preuves à l'appui de leur argumentation).

Action en justice : procédure engagée devant une juridiction pour obtenir le respect ou la reconnaissance d'un droit ou d'un intérêt légitime. Désigne également le droit d'une personne de faire valoir une prétention devant un juge, d'être entendue et de la faire examiner par le juge, l'adversaire ayant également le droit d'en discuter le bien-fondé.

— L'*action publique* désigne une action exercée contre ceux qui ont commis une infraction en vue de leur appliquer une peine. Elle peut être déclenchée par les magistrats du parquet (le ministère public), certains fonctionnaires ou par la victime (il s'agit alors d'une plainte avec constitution de partie civile).

— L'*action civile* est ouverte à la victime d'une infraction pénale (contravention, délit ou crime) pour demander réparation du préjudice qui lui a été causé et réclamer des dommages-intérêts.

Appel : voie de recours contre un jugement rendu en premier ressort (exemple : le jugement d'un tribunal de grande instance). La personne qui fait appel est l'« appelant » et celle contre laquelle est formé l'appel est l'« intimé ».

Arrêt : décision rendue par une juridiction supérieure. Synonyme de jugement.

Assises : juridiction départementale compétente pour juger les crimes.

Audition : c'est le fait, pour un juge, d'entendre les parties concernées par un procès : adversaires, témoins ou tiers (les experts, par exemple).

Avocat : l'avocat est le professionnel qui conseille en matière juridique et judiciaire, assiste et représente ses clients en justice.

Chancellerie : administration centrale du ministère de la Justice.

Citation : acte remis par un huissier de justice qui ordonne à une personne de se présenter devant un tribunal comme défendeur ou témoin. On parle de *citation directe* quand une personne est invitée par le ministère public ou la victime partie civile à se présenter directement devant le tribunal correctionnel ou le tribunal de police pour répondre d'une infraction, sans l'intervention préalable d'un juge d'instruction.

Commission rogatoire : mission donnée par un juge à un autre magistrat ou à un officier de police judiciaire de procéder en son nom à des mesures d'instruction (auditions, perquisitions, saisies, etc.).

Comparution : — *Personnelle :* convocation adressée par un tribunal ou un juge aux parties du procès à se présenter en personne devant lui.

— *Immédiate :* il s'agit, pour une personne qui a commis un délit passible, soit après enquête de flagrant délit, d'une peine de 1 à 7 ans d'emprisonnement, soit, après enquête préliminaire, d'une peine de 2 à 7 ans, de comparaître par la force devant le tribunal correctionnel où elle est jugée le jour même.

Condamnation : désigne, en matière pénale, la décision de justice déclarant une personne coupable d'avoir commis une infraction et prononçant une peine. En matière civile, il s'agit de la décision condamnant une personne à verser une somme d'argent, à accomplir un acte ou à respecter un droit selon ce qui a été jugé.

Contradictoire : principe d'égalité et de loyauté entre les parties durant un procès obligeant à soumettre tous les éléments et les pièces à la critique de la ou des autres parties. Se dit aussi des décisions rendues en présence des parties ou de leurs représentants.

Contravention : infraction punie d'une amende pouvant aller jusqu'à 10 000 francs, et 20 000 francs en cas de récidive, ainsi que de certaines peines complémentaires, comme la suspension du permis de conduire.

Crime : infraction grave, passible d'une ou plusieurs peines déterminées par la loi : emprisonnement (réclusion criminelle pour les crimes de droit commun ou détention criminelle pour les crimes politiques) à perpétuité ou à temps ; amendes et peines complémentaires.

Délit : infraction jugée par les tribunaux correctionnels et punie par des peines d'emprisonnement de dix ans au plus, par des amendes et par des peines complémentaires.

Détention provisoire : placement en prison d'une personne soupçonnée d'avoir commis un crime ou un délit puni d'au moins deux ans d'emprisonnement ou d'un an d'emprisonnement (en cas de flagrant délit) avant qu'elle soit jugée. La détention doit être motivée par les nécessités de l'instruction ou la gravité du trouble causé à l'ordre public.

Dommages-intérêts : somme d'argent destinée à réparer le préjudice subi par une personne du fait des agissements d'une autre personne.

Enquête judiciaire/préliminaire : — En matière civile : audition de témoins par un juge; elle est ordonnée par une juridiction pour obtenir des éléments de preuve.

— *En matière pénale :* investigation réalisée par la police judiciaire pour rechercher les auteurs d'une infraction et les conditions dans lesquelles elle a été commise.

Garde à vue : pour les nécessités de l'enquête, un officier de police judiciaire peut retenir une personne à sa disposition pendant un délai maximal de vingt-quatre heures. Le procureur de la République peut autoriser une prolongation de la garde à vue pour un nouveau délai de vingt-quatre heures au maximum.

Garde des Sceaux : ministre de la Justice.

Infraction : terme général désignant toute action ou comportement interdits par la loi pénale et passible de sanctions pénales.

Instruction : phase de la procédure pénale pendant laquelle sont mis en œuvre par le juge d'instruction les moyens nécessaires à la manifestation de la vérité afin que le tribunal ou la cour puisse juger en connaissance de cause.

Le *juge d'instruction* est saisi des affaires pénales les plus complexes. Il dirige alors l'action de la police judiciaire. Il peut décider du placement en détention provisoire, mais sa décision est susceptible d'appel devant la chambre d'accusation. Il rassemble les éléments qu'il juge utiles à la manifestation de la vérité et constitue le dossier qui sera le cas échéant soumis au tribunal ou à la cour d'assises.

Juré : citoyen qui fait partie du jury d'une cours d'assises.

Libération conditionnelle : mise en liberté anticipée et sous contrôle d'un condamné qui a purgé une partie de sa peine et a donné des signes d'amendement.

Magistrats du siège : au tribunal de grande instance, ce sont le président, les vice-présidents et les juges; à la cour d'appel, ce sont le premier président, les présidents de chambre et les conseillers. Ils rendent des décisions qui sont dénommées selon les cas ordonnance, jugement ou arrêt. Ce sont eux qui « rendent la justice ».

Ministère public (ou parquet) : auprès des tribunaux de grande instance, le parquet est constitué du procureur et de ses substituts. Auprès de la cour d'appel, ce sont le procureur général, les avocats généraux et les substituts du procureur général. Chargés de réclamer l'application de la loi au nom de la société, ces magistrats ont la charge de la poursuite pénale et dirigent l'activité des gendarmes et des policiers lorsque ceux-ci exercent des fonctions d'officier de police judiciaire. Ils interviennent aussi en matière civile, par exemple au titre de la protection des mineurs ou des liquidations de biens.

Mise en examen : décision prise par le juge d'instruction de faire porter ses investigations sur une personne soupçonnée, compte tenu des charges qui pèsent sur elle, d'avoir commis un crime ou un délit. La personne mise en examen a le droit d'être assistée d'un avocat qui peut prendre connaissance du dossier constitué par le juge. Elle peut également demander au magistrat instructeur de faire procéder à certains actes.

Non-lieu : décision d'une juridiction d'instruction mettant fin à des poursuites pénales, lorsqu'elle estime que l'infraction n'est pas établie ou qu'il n'y a pas de preuves suffisantes contre l'auteur ou le complice.

Ordonnance : décision prise par un juge unique.

Partie civile : personne, victime d'une infraction, qui met en mouvement l'action publique dans le cadre d'un procès pénal ou y participe pour réclamer la réparation de son préjudice.

Police judiciaire : ensemble des personnels (police, gendarmerie, etc.) chargés de poursuivre, rechercher et arrêter les auteurs d'infractions, sous l'autorité du parquet.

Préjudice : dommage subi par une personne dans ses biens, son corps, ses sentiments ou son honneur.

Prescription : — En matière civile, il s'agit en général de la perte d'un droit qui n'a pas été exercé à temps.

— *En matière pénale,* aucune poursuite ne peut être engagée contre son auteur après dix ans pour un crime, trois ans pour un délit et un an pour une contravention.

Présomption d'innocence : principe selon lequel, en matière pénale, toute personne poursuivie et soupçonnée d'avoir commis une infraction est considérée comme innocente des faits qui lui sont reprochés tant qu'elle n'a pas été déclarée coupable par la juridiction compétente pour la juger.

Procédure : ensemble de formalités à remplir pour agir devant un tribunal avant, pendant et jusqu'à la fin du procès.

Procureur de la République : magistrat, chef du parquet auprès d'un tribunal de grande instance.

Référé : procédure d'urgence engagée devant les juges pour faire cesser une situation contraire à la loi et permettant d'obtenir, sous certaines conditions, le règlement d'une difficulté, la constitution ou la conservation d'une preuve, la réparation d'un préjudice.

Relaxe : décision d'un tribunal correctionnel ou d'un tribunal de police déclarant un prévenu non coupable.

Réquisitoire : arguments développés oralement ou par écrit, par lesquels le ministère public demande au juge d'appliquer la loi pénale à un prévenu ou suite à une mise en examen.

Sursis : mesure accordée par une juridiction pénale qui dispense d'exécuter la peine en tout ou partie.

Voie de recours : action permettant un nouvel examen d'une décision judiciaire.

ORGANIGRAMME SIMPLIFIÉ
(hors juridictions spécialisées)

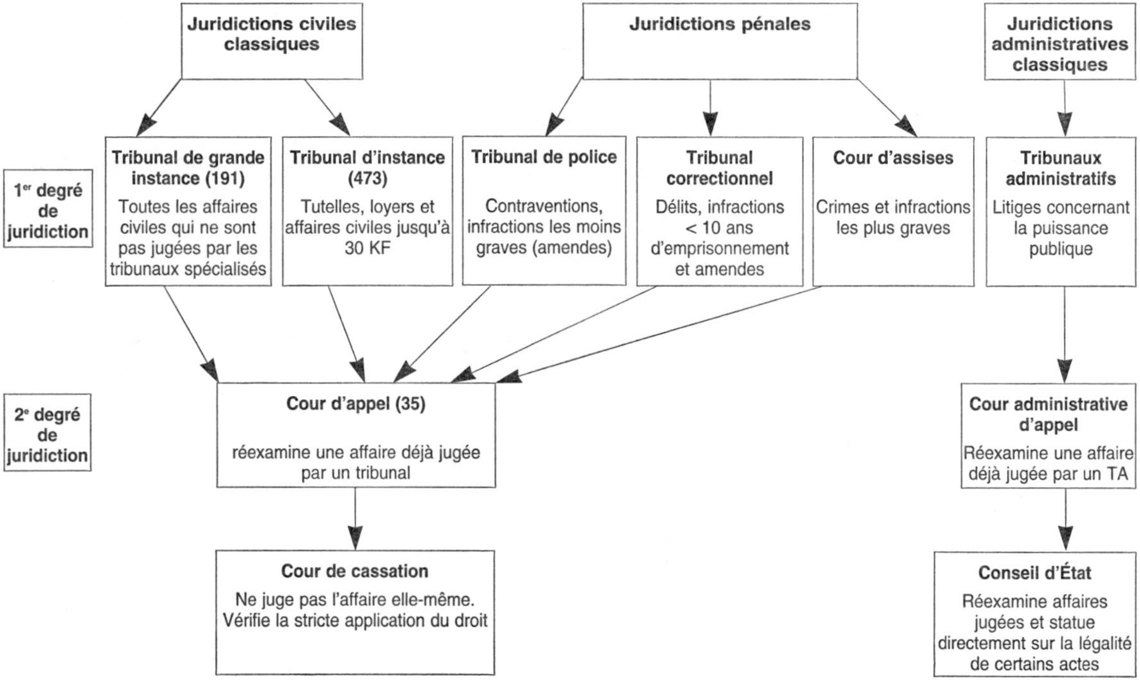

BIBLIOGRAPHIE GÉNÉRALE

Commentaire

— N° 57 (printemps 1992) :
Que le Conseil d'État cesse de juger, par Paul Mentre.
Que le Conseil d'État continue de juger, par Michel Massenet.

— N° 58 (été 1992) :
Le juge est-il représentatif? Réponse : oui, par Dominique Turpin.
Le malaise des juges, par François Terre.
Loi écrite et loi non écrite, par Jean Baechler.

— N° 62 (été 1993) :
La Cour suprême américaine, par Denis Lacorne.

— N° 65 (printemps 1994) :
Le juge et le politique, par Daniel Soulez-Larivière.

— N° 67 (automne 1994) :
Les maux et les causes. À propos de la crise du droit pénal, par Jean de Maillard.
Sur le principe de confrontation. Réponse à une chronique, par Stéphan Alamowitch.

— N° 71 (automne 1995) :
Sur la crise judiciaire, par Stéphan Alamowitch.

Esprit

— N° 210 (mars/avril 1995) :
Le juge et la presse, par Pierre Truche.

Justice et médias, une alchimie douteuse, par Antoine Garapon.
Faut-il en finir avec le jury populaire ?, par Henri Leclerc.

— N° 221 (mai 1996) :
Controverse : retour sur les affaires, par Antoine Garapon.

— N° 225 (octobre 1996) :
Chronique d'un été judiciaire, par Antoine Garapon.

— N° 235 (août/septembre 1997) :
Justice et politique, par Antoine Garapon et Laurence Engel.

— N° 236 (octobre 1997) :
La fonction publique saisie par le droit, entretien avec Laurence Engel et Antoine Garapon.
Controverse : la réception Truche, par Joël Roman.

Revue des Deux Mondes

— Novembre 1995 :
Dossier : La justice mise en examen.

— Janvier 1997 :
La justice : de l'autorité vers le pouvoir ?, par Jean-François Burgelin.

— Mai 1997 :
Osons réformer notre justice, par Philippe Seguin.

Le Débat

— N° 74 (mars/avril 1993) :
Le juge et la communauté, par Philippe Raynaud.
Le juge et le représentant, par Pierre Avril.
Progrès du droit, par Pierre Bouretz.
Les deux figures du juge, par Olivier Cayla.
Le juge et la modernité, par Jacques Lenoble.

— N° 76 (septembre/octobre 1993) :
Responsabilité civile : la dérive des continents, par Laurent Cohen-Tanugi et Maria Ru.

Droits

— N° 19 (1994) :
Sur la théorie du droit, de Dworkin : de l'interprétation des principes à leur application aux cas difficiles, par J.F. Niort et G. Vannier.
Les nouvelles mœurs législatives à la lumière du nouveau Code pénal français, par M.L. Rassat.

— N° 23 (1996)
Le doute et l'intime conviction, par Jean-Denis Bredin.
La preuve pénale, par Mireille Delmas-Marty.
La preuve en droit constitutionnel anglais, par Denis Baranger.
La preuve en Common Law, par Thomas P. Gallanis.

Dalloz Affaires

— N° 108, 12 mars 1998 :
Responsabilité pénale des personnes morales : première intervention de la Cour de cassation.

RJF

— N° 10/90 :
Chronique. Les lois fiscales rétroactives, par J. Turot.

Revue française de droit administratif

— N° 8 (4) juillet/août 1992 :
Protection juridictionnelle des particuliers et obligations de réparation (p. 632 à 642), par Henri Labayle.

— N° 9 (5) septembre/octobre 1993 :
Protection constitutionnelle et protection internationale des droits de l'homme : concurrence ou complémentarité ? (rapport présenté par la délégation française à la 9e conférence des cours constitutionnelles européennes — Paris, 10 au 13 mai 1993).

Pouvoirs

— N° 68, 1994 :
Qui gouverne la France ?, par Jean-Denis Bredin.

— N° 74, 1995 :
Psychologie du magistrat, institution judiciaire et fantasmes collectifs, par Daniel Soulez-Larivière.
La liberté des juges, par T. Renoux.
Une si longue défiance, par R. Badinter.
Faire carrière, par François Colcombet.
Les transformations des modalités d'entrée dans la magistrature, par A. Boigeol.
Quelle responsabilité pour les magistrats ?, par Daniel Ludet.

Revue française de droit constitutionnel

— N° 24 (1995) :
Droit constitutionnel juridictionnel. L'inamovibilité des juges à l'épreuve des contraintes de gestion, par D. Guilhal.

Liaisons sociales

— 17 janvier 1997 :
Le point sur les modifications substantielles de contrats de travail et procédures de licenciement collectif pour motif économique, par Gilles Belier.

— Mensuel septembre 1997 :
Plan social et reclassement : suggestions pour une loi Aubry II, par J.E. Ray.

— Mensuel novembre 1997 :
Licenciements économiques : comment réformer la législation actuelle ?, par F. Gaudu.

Petites Affiches

— N° 8, 17 janvier 1990 :
La notion de sanction administrative, par Jacques Robert.
Sanctions administratives et autorités administratives indépendantes, par C. Teitgen-Colly.
Le pouvoir de sanction financière directe de la COB, par P. Bézard.
La nature des sanctions infligées par le Conseil de la concurrence, par C. Babusiaux.
Les sanctions applicables par le CSA, par C. Gavalda.

— N° 20, 14 février 1992 :
Le point sur un énième projet de réforme de l'instruction.

— N° 54, 4 mai 1992 :
Faut-il faire figurer les autorités administratives indépendantes dans la Constitution ?, par Aude Rouyère.

— N° 147, 7 décembre 1992 :
Réflexions iconoclastes sur le statut de la magistrature, par J.P. Buffelan-Lanore.

— N° 70, 11 juin 1993 :
De l'indépendance de la magistrature, par J.P. Buffelan-Lanore.

— N° 21, 16 février 1996 :
La réforme des cours d'assises, entre nécessité et utilité, par M.H. Gozzi.

— N° 39, 29 mars 1996 :
Le jury criminel, par E. Bonnet.

— N° 43, 8 avril 1996 :
Le jury criminel à l'épreuve de la souveraineté populaire, par Bruno Waecheter.

— N° 128, 23 octobre 1996 :
La réforme de la cour d'assises : entre mort et résurrection d'une institution, le jury, par Cécile Robin.

— N° 83, 11 juillet 1997 :
17e rapport de la CNIL, Internet au cœur des débats, par O. Dufour.
Quelle place pour la répression administrative dans notre ordonnancement juridique ?, par J.F. Davignon.

— N° 88, 23 juillet 1997 :
Rapport Truche : l'art du contrepoids, par O. Dufour.

— N° 100, 20 août 1997 :
Vers un nouveau pouvoir judiciaire, par V. Turcey.

— N° 132, 3 novembre 1997 :
Une réforme d'envergure, par Olivia Dufour.

— N° 145, 3 décembre 1997 :
Quelques observations à partir de l'examen d'un cas pratique, sur les méthodes de la justice pénale financière.

— N° 146, 5 décembre 1997 :
L'arrêt Carignon, un retour à la rigueur ? par T. Dalmasso.

— N° 1, 2 janvier 1998 :
1998 : l'année de la justice ?, par O. Dufour.
Réforme de la justice : et si nous faisions fausse route ? par O. Dufour.

— N° 43, 10 avril 1998 :
La vérité va-t-elle sortir du tombeau ?, par Jacques Massip.

— N° 45, 15 avril 1998 :
L'avocat de la première heure, par P. Bordessoule de Bellefeuille.

Panoramiques

— N° 33, 2e trimestre 1998 :
Le policier et le magistrat, par Christian Mouhanna.

Le courrier juridique des finances

— N° 81 :
Numéro spécial « Convention européenne des droits de l'homme ».

— Doctrine I 100, 1997 :
La communauté européenne et les droits fondamentaux après le traité d'Amsterdam, par Frédéric Sudre.

Gazette du Palais

— N° 239, 26 août 1992 :
Vers une modernisation du statut de la magistrature, par E. Madranges.

— N° 111, 21 avril 1993 :
La chambre d'accusation existe-t-elle ?, par Raymond Levy.

— N° 143, 27 avril 1995 :
À propos de la détention provisoire. Vers la réforme permanente ?, par Claude Cohen.

— N° 325, 20 novembre 1996 :
Les risques de la justice médiatique et du dysfonctionnement de la justice étatique, par J.C. Woog.

Revue des sciences morales et politiques

— N° 1, 1992 :
Pouvoir judiciaire et indépendance de la magistrature, par Simone Rozès.

Droit et société

— N° 22, 1992 :
L'entrée du syndicat de la magistrature dans le champ juridique en 1968, par Anne Deville.

Notes de la Fondation Saint-Simon

— Février 1993 :
Les dérives de la responsabilité civile, par Laurence Engel, repris dans la livraison de juin 1993 de la revue *Esprit*.

Le Genre humain

— N° 28, 1994 :
Numéro spécial sur la justice sous Vichy.

Revue Dalloz-Sirey

— 37e cahier, 1995 :
Diversification des entreprises publiques et concurrence déloyale, par Claude Lucas de Layssac.

La pensée politique

Le juge, la politique et la philosophie, par Philippe Raynaud.

Essais

Le coup d'État des juges, E Zemmour, Grasset, 1997.
La métamorphose de la démocratie, L. Cohen-Tanugi, Éditions Odile Jacob, 1989.
Pour un capitalisme intelligent, J. Peyrelevade, 1993.
L'État sans le droit, L. Cohen-Tanugi, PUF, 1985.
La justice ou le chaos, D. Robert, Stock, 1996.
Les magistrats : un corps sans âme, J.L. Bodiguel, PUF, 1991.
Les juges parlent, L. Greilsammer et D. Schneiderman, Fayard, 1992.
Les fossoyeurs de la justice, D. Gallot, Albin Michel, 1991.
Le gardien des promesses, A. Garapon, Éditions Odile Jacob, 1996.

Forages en eau profonde, V. Lecasble et A. Routier, Grasset, 1996.
La loi des juges, F. Rigaux, Éditions Odile Jacob, 1997.
La justice et la France, D. Vernier, Éditions La Découverte, coll. «Repères», 1992.
Histoire de la justice en France : de la monarchie absolue à la République, J.P. Royer, PUF, 1995.
Fouquet, ou le soleil offusqué, P. Morand, Gallimard, coll. «Folio», 1994.
La haute magistrature judiciaire entre politique et sacerdoce, ou le culte des vertus moyennes, par A. Bancaud, LGDJ, coll. «Droit et société», 1994.

Situation de la démocratie, sous la direction de Marcel Gauchet, Pierre Manent et Pierre Rosanvallon, Le Seuil, 1993.

Rapports parlementaires et administratifs

Les moyens de la justice : rapport d'information n° 49, Sénat, session 1996-1997, commission présidée par M. Charles Jolibois.
Rapport du haut comité consultatif sur la réforme de la cour d'assises, présidé par J.F. Deniau, avril 1996.
Assemblée nationale. *Avis présenté par la commission des lois constitutionnelles, de la législation et de l'administration générale sur le projet de loi de finances pour 1998,* tome V, *Justice, administration centrale et services judiciaires,* par Jacques Floch, député.
Justice et transparence : rapport d'information n° 247, Sénat, avril 1995, commission présidée par M. Jacques Larche.
Rapport de la Commission de réflexion sur la justice : rapport au président de la République, P. Truche président, Documentation française, 1997.
Plan d'urgence pour la justice, ministère de la Justice, février 1998.
Les systèmes judiciaires. Cadres institutionnels et statuts de la magistrature, J.P. Royer, ministère de la Justice, Conseil de la recherche, janvier 1993.

ENM

Rapport administratif et financier, 1995.

Conseil de la Concurrence

Avis n° 95-A-18 relatif à une demande d'avis sur les problèmes soulevés par les activités de messagerie de la SNCF au regard du droit de la concurrence.

Avis n° 96-A-10 relatif à une demande d'avis de l'AFB concernant le fonctionnement des services financiers de la Poste au regard du droit de la concurrence.

Publications universitaires diverses

Actes du colloque « Indépendance du parquet, opportunité des poursuites », sous la direction de François Jacquot, faculté de droit de Nancy, 1997.
La haute magistrature sous Vichy, sous la direction de D. Peschanski, CNRS, ministère de la Justice, 1993.

Le Monde

L'innocence et la presse, par M. Vauzelle, 3 novembre 1994.
L'adoption de l'amendement Marsaud-Houillon pourrait interdire aux journalistes d'informer sur les affaires, 24 novembre 1994.
Préserver la présomption d'innocence, par A. Marsaud, 9 décembre 1994.
Le Sénat supprime l'amendement Marsaud, 15 décembre 1994.
L'intime conviction raisonnée des nouveaux jurys, par M. Peyrot, 24 janvier 1997.
Le champ d'intervention de la presse strictement balisé, 10 juillet 1997.
Le danger d'une démission politique, 29 octobre 1997.
La réforme de la détention provisoire, point noir de la procédure pénale, 30 octobre 1997.
Le corps d'Yves Montand sera exhumé pour un test d'ADN, 8 novembre 1997.
Une étude confirme la méconnaissance des Français de la prison, 30 janvier 1998.
Réforme de notre justice, rénovation de notre démocratie, par Antoine Garapon, 27 février 1998.
Les garanties de nomination des magistrats du parquet seront renforcées, 26 mars 1998.
Le Conseil d'État met en cause l'administration dans l'affaire du casse fiscal du siècle, 29-30 mars 1998.
Les incertitudes du nouveau droit des télécommunications, par M.A. Frison-Roche, 3 mai 1998.
Pour une autre réforme de la justice, par T. Grumbach, N. Maestracci et M. Voisset, 12 mai 1998.
Le CSM formule plusieurs critiques sur la réforme de la justice, 4 juin 1998.
La CNCIS autorise le gouvernement à multiplier les écoutes administratives, 1er semestre 1998.

Le Nouvel Observateur

Juges ou shérifs, par J. Julliard, 19 au 25 février 1998.
Si les magistrats étaient livrés à eux-mêmes, entretien J.C. Bouvier et T. Levy, 14 au 20 mai 1998.

Libération

La nouvelle cour d'assises à l'Assemblée, 20 janvier 1997.
La réforme de la cour d'assises sur les rails, 22 janvier 1997.
Les jurys d'assises accessibles dès 18 ans. L'Assemblée a voté hier la réforme de Toubon, 23 janvier 1997.
Justice : vers un ministère public à deux têtes, par D. Soulez-Larivière, 10 février 1998.
Justice : une indépendance bien encadrée, 10 mars 1998.
Réforme de la justice : un recul majeur, 26 mars 1998.
Le rapport du CSM, testament pour la réforme de la justice, 12 mai 1998.

La Tribune

Quand le travail rythme la vie carcérale, 24 février 1998.
L'oublié de la justice, 6 avril 1998.

Composition Bussière
et impression Bussière Camedan Imprimeries
à Saint-Amand (Cher), le 1er septembre 1998.
Dépôt légal : septembre 1998.
Numéro d'imprimeur : 1990-983925/4.
ISBN 2-07-075405-7./Imprimé en France.

CONSEIL GÉNÉRAL CORSE DU SUD
BIBLIOTHÈQUE DÉPARTEMENTALE
DE PRÊT

87794